한번에 배우는
n8n으로
주식비서 만들기

한번에 배우는 n8n으로 주식비서 만들기

발행일   2026년 3월 10일

지은이   정일균, Cothink
펴낸이   손형국
펴낸곳   (주)북랩

출판등록 2004. 12. 1(제2012-000051호)
주소   서울특별시 금천구 가산디지털 1로 168, 우림라이온스밸리 B동 B111호, B113~115호
홈페이지 www.book.co.kr
전화번호 (02)2026-5777   팩스   (02)3159-9637

ISBN   979-11-7598-155-3 03320(종이책)   979-11-7598-156-0 05320 (전자책)

작가 연락처 문의 ▸ ask.book.co.kr

전용 게시판에 문의를 남기시면 저자에게 직접 전달됩니다.

(주)북랩 성공출판의 파트너

북랩 홈페이지와 SNS에서 다양한 출판 솔루션을 만나 보세요!

홈페이지 book.co.kr   •   **블로그** blog.naver.com/essaybook   •   **출판문의** text@book.co.kr
카톡채널 북랩

AI와 자동화로 완성하는 나만의 투자 관리법

한번에 배우는 n8n으로 주식비서 만들기

정일균, Cothink 지음

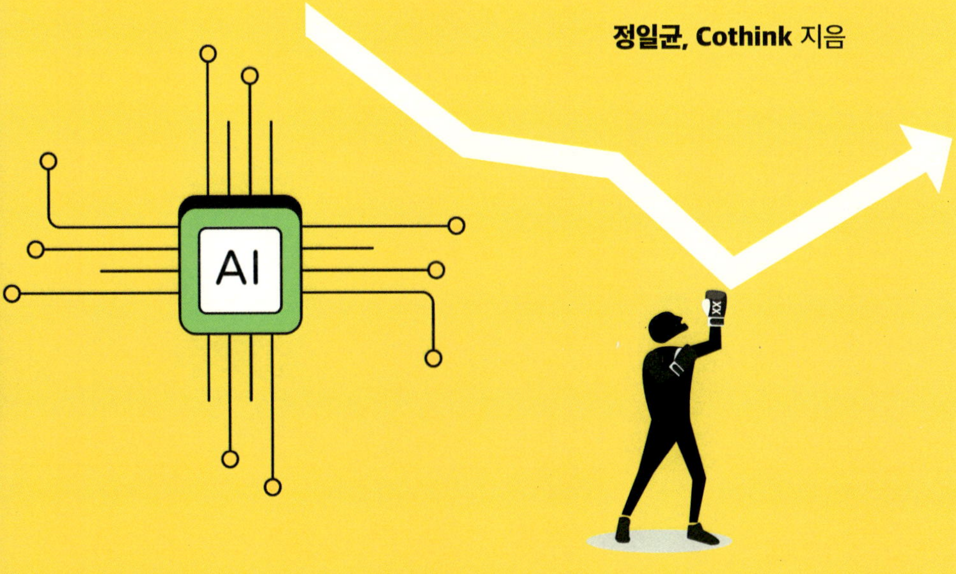

북랩

추천의 글 ・6

들어가는 말 ・13

프롤로그: 새벽 4시, 자동 매수된 테슬라가 +15%였다 ・17

Part 1: 오늘 저녁, 첫 자동화

1-1. 왜 미국주식인가, 왜 자동화인가 ・24

1-2. n8n이 뭔가요? ・27

1-3. n8n 클라우드 가입하기 ・30

1-4. 텔레그램 봇 만들기 ・38

1-5. 주가 API 연결하기 (Twelve Data) ・46

1-6. [워밍업] "장 열렸습니다" 알림봇 ・51

Part 2: 놓치지 않는 투자자 되기

2-1. [프로젝트1] 목표가 스나이퍼 ・66

2-2. [프로젝트2] 급등주 레이더 ・83

2-3. [프로젝트3] 실적 캘린더봇 ・102

Part 3: AI가 대신 읽는 투자

3-1. AI 연결하기 (OpenAI API)　　•　**122**

3-2. [프로젝트4] 뉴스 브리핑봇　　•　**131**

3-3. [프로젝트5] 실적 분석봇　　•　**155**

3-4. [프로젝트6] 시장 온도계　　•　**177**

Part 4: 자동으로 사고팔기

4-1. 자동매매 준비하기　　•　**207**

4-2. [프로젝트7] 첫 주식 매수하기　　•　**218**

4-3. [프로젝트8] 내 잔고 확인봇　　•　**233**

4-4. [프로젝트9] AI 투자 분석봇　　•　**246**

4-5. [프로젝트10] AI 투자 분석봇 PRO　　•　**261**

추천의 글

[최승민 Redoor, CTO]

밤새 코드를 붙들고 씨름하던 시절, 문득 이런 생각을 했습니다. 컴퓨터는 지치지 않는데 왜 나는 매번 지쳐가는 걸까. 자동화의 본질은 결국 그 질문에서 시작한다. 내가 잠든 사이에도 묵묵히 일하는 무언가를 만드는 것.

이 책을 펼치는 순간, 저자들이 같은 고민을 품고 살아왔음을 느꼈습니다. 새벽 4시 미국 시장을 지켜보며 눈을 비비던 서학개미의 피로가 행간에 배어 있습니다. 그래서일까. 기술 서적임에도 불구하고 이 책에는 온기가 있습니다. 독자의 시간을 아끼려는 배려, 어려운 개념을 쉬운 말로 풀어내려는 정성이 곳곳에 묻어납니다.

n8n이라는 도구가 낯설어도 괜찮습니다. 저자들은 레고 블록을 조

립하듯 차근차근 안내합니다. 텔레그램 알림봇으로 시작해 AI 트레이더까지, 한 계단씩 오르다 보면 어느새 정상에 서 있는 자신을 발견하게 될 것입니다. 그리고 그 순간 깨달을 것입니다. 이 책이 가르쳐준 건 주식 자동화가 아니라 세상을 바라보는 새로운 시선이라는 것을.

당신이 잠든 밤에도 멈추지 않는 시스템. 그 첫 페이지를 여는 용기만 있다면 충분합니다.

[김태수 포스코DX AI엔지니어]

AI 엔지니어의 시선에서 이 책은 단순한 투자서가 아니라, 자동화 사고방식을 생활에 이식하는 실전 안내서로서 느낌을 받았습니다. 복잡한 코딩이나 수식 없이도 '조건을 설계하고, 흐름을 연결해 결과를 만들어내는 경험'을 자연스럽게 제공합니다. n8n을 중심으로 데이터 수집, 의사결정, 실행까지 이어지는 과정은 실제 AI·자동화 서비스 개발 구조와 놀라울 만큼 닮았습니다. 주식이라는 친숙한 주제를 다루지만, 독자가 진짜로 얻게 되는 것은 반복되는 판단과 행동을 시스템에 맡기는 방법입니다. 책을 따라가다 보면 어느새 "이 과정도 자동화할 수 있겠다"라는 생각이 듭니다. 개발자가 아니어도 충분히 이해할 수 있고, 엔지니어라면 자동화 설계를 설명하는 좋은 사례로 활용할 수 있습니다. 일과 일상 모두를 효율적으로 바꾸고 싶은 분들께 추천합니다.

[조민혁 Cothink CTO]

"복잡한 코딩의 시대는 끝났다, 이제는 '연결'의 시대다"

현업 개발자인 저에게도 이 책은 신선한 충격이었습니다. 보통 '주식 자동화'라고 하면 파이썬 라이브러리와 복잡한 API 문서를 떠올리며 지레 겁먹기 마련입니다.

하지만 이 책은 그 높던 진입 장벽을 n8n이라는 도구로 단숨에 허물어버립니다.

마치 레고 블록을 조립하듯 논리를 시각화하고, AI를 두뇌로 장착하는 과정은 코딩을 모르는 초보자에게는 기회를, 효율을 추구하는 개발자에게는 새로운 영감을 줍니다. 내가 잠든 사이 테슬라 뉴스를 분석하고 매매하는 시스템을 단 30분 만에 구축할 수 있다니, 이보다 매력적인 제안이 있을까요? 기술을 몰라도 기술의 혜택을 누리게 해주는 이 책은, 똑똑한 투자를 꿈꾸는 모든 서학개미의 필독서가 될 것입니다.

[하정헌, CJ제일제당 DX]

저는 현재 CJ제일제당에서 디지털·AI 기반 서비스를 만들어, 임직원들이 더 효율적으로 일하고 AI에 익숙해질 수 있도록 돕는 일을 하고 있습니다.

현업에서의 제 일은 늘 비슷한 질문으로 시작합니다.

"이걸 자동화할 수는 없을까요?"

"AI로 이 과정을 줄일 수는 없을까요?"

아이러니하게도, 남들의 비효율을 기술로 해결하는 일을 하면서도 제 개인 투자만큼은 여전히 수동과 감정에 의존하고 있었습니다.

이 책의 초반부를 읽으며 자연스럽게 공감이 되었습니다. 현업에서 기술을 다루는 사람이라면 누구나 한 번쯤 해봤을 고민이 담겨 있었기 때문입니다. 이 책이 인상 깊었던 이유는 자동매매를 '수익의 기술'이 아니라 '구조를 만드는 기술'로 설명한다는 점입니다. 그 중심에 있는 도구가 바로 n8n입니다. n8n은 개발자에게는 익숙하지만, 비개발자에게는 아직 낯선 자동화 도구입니다.

저자는 이 강력한 도구를 복잡한 코드나 어려운 개념 대신, 선을 연결하는 사고방식으로 풀어냅니다. 이러한 워크플로우는 단순한 투자 자동화를 넘어, 업무 자동화·개인 비서·AI 활용 전반으로 확장할 수 있는 사고방식으로 이어집니다. 특히 이 책은 독자를 무작정 개발자로 만들려 하지 않는다는 점이 인상적입니다. 프로그래밍을 몰라도, AI를 깊이 이해하지 않아도 괜찮습니다. 책을 따라가다 보면 어느새 자동화에 대한 감각과, 세상을 자동화 관점으로 바라보는 눈을 얻게 됩니다. 기술로 일하는 사람은 물론, 기술을 쓰고 싶지만 멀게만 느꼈던 모든분께 이 책을 자신 있게 추천합니다.

[조성정 16년차 프리랜서]

개발자로 일하면서 AI와 자동화는 늘 화두였지만, 막상 현업에 적용하기에는 과하게 복잡하거나 준비 비용이 많이 든다고 느껴졌습니다. 새로운 프레임워크를 익히고, 인프라를 구성하는 데 드는 시간도 부담이었습니다. 하지만 이 n8n 책을 읽으며 자동화를 바라보는 시선이 달라졌습니다. API 호출, 데이터 가공, 알림 처리처럼 개발자에게 익숙한 작업을 n8n으로 시각적으로 구성하면서도, 필요하면 코드로 확장할 수 있는 구조가 인상적이었습니다. 특히 특정 서비스나 벤더에 종속되지 않고 유연하게 연결할 수 있다는 점은 실무에서 큰 장점으로 다가옵니다. 이 책은 n8n을 단순한 자동화 도구가 아니라, 개발자의 업무 흐름을 정리하고 생산성을 높여주는 실전형 플랫폼으로 이해하게 만들어 줍니다. 자동화를 고민하는 개발자라면 한 번쯤 꼭 읽어볼 가치가 있는 책입니다.

[임상준, PwC 컨설턴트]

세상은 빠르게 변하고 있고, 그 변화는 점점 개인에게 가까워지고 있습니다. 각자의 기준과 선택을 스스로 만들어 가는 일이 중요해지는 흐름 속에서, 이 책은 '개인화'를 어떻게 빠르게 빌드할 수 있는지를 다룹니다.

이야기는 가장 익숙한 주식 데이터에서 시작되지만, 목적은 주식에 있지 않습니다. 대상을 관찰하고, 기준을 세우고, 판단을 구조로 옮기는 과정을 따라가다 보면 각자가 자신의 사고 흐름을 하나의 시스템으로 만들어 가는 경험을 하게 됩니다. 이 책은 완성된 답을 건네기보다, 스스로의 기준을 만들고 자동화해 나가는 과정을 차분히 고민해 보도록 이끕니다. 변화하는 세상 속에서 각자의 세상을 차분히 만들어 가는 출발점이 되기를 바랍니다.

[김규진, NH투자증권 AI 퀀트]

저는 증권사에서 자동화 투자 전략을 연구하고 있습니다. 비전공

자로서 가장 처음 주식 프로그램을 만들었을 때가 기억납니다. 실시간으로 공시 사이트를 감시하다 중요한 공시가 발생하면 내용을 정리해서 텔레그램으로 발송하는 아주 간단한 프로그램이었습니다. 시작할 때는 아주 간단할 것으로 생각했지만, 코드를 작성하고 테스트할수록 생각하지 못한 문제점이 계속해서 발생했습니다. 여기에 공시 발생 시 주식 매매 프로그램을 추가하기로 마음먹은 이후로는 "처음부터 코드를 짜는 게 낫겠는데?"라는 생각을 했습니다. 이런 시행착오의 과정은 저뿐만 아니라 처음 코딩을 접하는 누구나 접하는 과정일 것입니다. 필자가 처음부터 끝까지 정성스럽게 설계한 목차는 이런 시행착오를 단숨에 건너뛸 수 있게 도와줄 뿐만 아니라, 자동 매매 투자자들에게 있어 꼭 필요한 도구들입니다. 본 책을 통해 자동화 워크플로우는 물론 효과적인 투자 도구들도 한 번에 얻을 수 있을 것입니다.

들어가는 말

왜 개발자인 우리가 이 책을 썼을까요?

저희는 현업에서 AI 서비스를 만드는 일을 합니다. 매일 쏟아지는 "AI로 이런 것도 되나요?"라는 질문에, 기술적으로 해법을 제시하는 것이 저희의 일상이죠.

그러다 문득, 퇴근길에 이런 생각이 들었습니다. **"남들을 위한 AI는 만드는데, 정작 내 투자는 왜 이렇게 힘들게 하고 있지?"**

서학개미라면 누구나 공감하실 겁니다. 미국 주식 시장은 우리가 잠든 새벽에 가장 활발하게 움직입니다. 다음 날 출근해야 하는 직장인이 매일 새벽 4시에 일어나 차트를 들여다볼 수는 없는 노릇이죠. 그렇다고 소중한 자산을 운에만 맡길 수도 없었습니다.

그래서 우리는 **'나 대신 밤새 시장을 지켜볼 비서'**를 찾기 시작했습니다. 복잡한 파이썬 코딩은 하고 싶지 않았습니다. 퇴근 후에는 머리를 식히고 싶었으니까요. 그렇게 찾아낸 도구가 바로 n8n입니다.

마치 레고 블록을 조립하듯 선을 연결하기만 하면 "이 조건이 되면 깨워줘", "이 가격이 오면 매수해 줘"가 가능했습니다. 이 강력하고 편리한 경험을 우리와 같은 고민을 하는 바쁜 직장인분들과 나누고 싶었습니다.

이 책은 누구를 위한 책인가요?
이 책의 주인공은 '코딩을 모르는' 직장인입니다.

프로그래밍 언어를 전혀 몰라도 괜찮습니다. 복잡한 설치 과정이나 어려운 문법 대신, 직관적인 스크린샷을 보며 따라 할 수 있도록 설계했습니다. 환경 설정만 마치면, **퇴근 후 딱 30분 투자로 나만의 자동화 봇 하나를 완성**할 수 있습니다.

물론 주식 투자가 메인 테마지만, 여러분이 진짜 얻어가시는 건 **'n8n'이라는 평생의 무기**입니다.

주식 알림 봇을 만들며 익힌 노하우는 업무 자동화, 뉴스 데이터 수집, 개인 비서 만들기 등 무궁무진하게 확장됩니다. 책의 마지막 장을 덮을 때쯤이면, 여러분은 세상을 보며 **"이것도 자동화할 수 있겠는 데?"**라는 새로운 눈을 뜨게 되실 겁니다.

이 책을 200% 활용하는 방법

독자 여러분의 시간은 소중합니다. 일일이 타이핑하며 고생하지 않도록 모든 자료를 준비해 두었습니다.

- ❏ **GitHub 소스 코드**

  [https://github.com/n8nbook/n8nbook]

  책에 나오는 코드 부분을 올려두었습니다. **복사해서 붙여넣기** (Ctrl+C, Ctrl+V)해서 사용하시면 됩니다.

- ▽ **YouTube 동영상 강의**

  [https://www.youtube.com/@Cothink-s5m]

  글로만 보면 헷갈릴 수 있는 설정 과정은 영상을 참고하시면 훨씬 수월하게 따라 하실 수 있습니다.

시작하기 전에 꼭 읽어주세요.

이 책은 기술 서적이며, **특정 종목을 추천하는 투자 조언서가 아닙니다.**

저희는 여러분께 '자동매매 시스템을 구축하는 기술'과 '예시 전략'을 알려드립니다. 하지만 책에 나오는 목표가 손절선, PEG 비율 등의 숫자는 어디까지나 예시일 뿐, 최적의 정답이 아닙니다.

반드시 **'텔레그램 알림'** 기능으로 충분히 테스트하거나, 소액으로 검증하는 과정을 거치시길 권장합니다. 본인의 투자 성향에 맞게 전략을 수정하셔야 하며, 모든 투자의 최종 책임은 본인에게 있음을 잊지 마세요.

준비되셨나요? 이제 당신이 잠든 사이에도 멈추지 않는, 나만의 투자 시스템을 만들러 가볼까요?

프롤로그

: 새벽 4시, 자동 매수된 테슬라가 +15%였다

"또 놓쳤다."

2025년 어느 날 새벽, 증권앱 푸시가 떴다. 테슬라 390달러. 내가 마음속으로 정해둔 매수가는 380달러였다. 10달러만 더 떨어졌으면 샀을 텐데.

출근길에 확인하니 이미 410달러. 점심때 430달러. 퇴근할 때 450 달러.

그날 밤, 나는 계산기를 두들겼다. "그때 샀으면 지금…" 하루 만에 15% 수익을 눈앞에서 날렸다.

이게 처음이 아니었다. 실적 발표 놓침, 새벽 급락 손절 실패, 호재 뉴스 뒤늦게 확인. 매번 같은 패턴이었다. 미국주식은 우리 시간으로 새벽에 열린다. 직장인이 새벽마다 깨서 차트를 볼 수는 없는 노릇이다.

"직장인이 미국주식 하는 게 맞나?"

진지하게 고민했다. 그러다 '자동화'라는 걸 알게 됐다. 처음엔 "코딩 해야 하는 거 아냐?" 싶어서 바로 포기했다. 나는 개발자가 아니니까.

그런데 n8n이라는 도구를 발견했다. 코딩 없이, 블록 쌓듯이 자동화를 만들 수 있다고? 반신반의하면서 첫 알림봇을 만들어봤다. 30분 만에 "테슬라가 185달러 이하로 떨어지면 알려줘"가 완성됐다.

그 30분이, 3개월 뒤의 +15%를 만들었다.

3개월 후, 나는 잠든 사이 테슬라를 샀다. 아침에 눈을 떠보니 +15%.

달라진 건 단 하나. 시스템이 대신 깨어 있었다.

이 책이 당신에게 주는 것

이 책을 덮을 때, 당신은 다음을 가지게 됩니다.

놓치지 않는 투자 목표가 도달 알림, 급등/급락 레이더, 실적 발표 캘린더

AI가 대신 읽는 투자 매일 아침 뉴스 브리핑, 실적 분석, 시장 감성 온도계

잠든 사이 일하는 투자 조건부 자동매매, AI 트레이더

코딩은 단 한 줄도 없습니다.

필요한 건 딱 3가지. 컴퓨터, 인터넷, 그리고 퇴근 후 30분.

이 책은 당신의 시간을 사는 책입니다. 새벽에 깨는 대신, 시스템이 깨어 있게 만드는 책.

이 책의 구성

이 책은 4단계 여정입니다.

Part 1: 오늘 저녁, 첫 자동화

n8n을 설치하고, 첫 알림봇을 만듭니다. 30분이면 "장 열렸습니다" 알림이 울립니다.

Part 2: 놓치지 않는 투자자 되기

목표 알림, 급등 감지, 실적 일정 알림이 옵니다. 더 이상 기회를 흘려보내지 않습니다.

Part 3: AI가 대신 읽는 투자

AI가 뉴스를 요약하고, 실적을 해석하고, 시장 분위기를 알려줍니다. 매일 아침, 브리핑이 도착합니다.

Part 4: 잠든 사이 일하는 투자

조건부 자동매매, AI 트레이더. 당신이 자는 동안 시스템이 일합니다.

각 프로젝트는 따라 하기만 하면 됩니다. 어려운 설명 없이, 스크린샷 보면서 그대로 따라 하세요. 30분에서 1시간이면 하나씩 완성됩니다.

시작하기 전에

컴퓨터와 인터넷만 있으면 됩니다. 윈도우든 맥이든 상관없습니다.

텔레그램 앱은 Part 1에서 같이 설치할 거고, 필요한 계정들도 하나씩 안내해 드리겠습니다. 지금은 아무것도 준비하지 않아도 괜찮습니다.

자, 이제 시작합니다.
30분 후, 당신의 첫 알림봇이 깨어납니다.
그리고 당신은, 더 이상 새벽에 깨지 않아도 됩니다.

Part 1

오늘 저녁,
첫 자동화

왜 미국주식인가, 왜 자동화인가

왜 미국주식인가

미국주식의 가장 큰 적은 뭘까요?

시간입니다.

미국 증시는 우리 시간으로 밤 11시 30분에 열려서 새벽 6시에 닫습니다. 9시 출근, 6시 퇴근하는 직장인이 새벽까지 차트를 볼 수 있을까요?

불가능합니다.

그래서 대부분 이렇게 됩니다.

- 아침에 눈 떠서 확인 → 이미 급등한 뒤
- 퇴근 후 확인 → 이미 급락한 뒤
- 자기 전에 주문 → 다음 날 멘붕

시간대가 문제입니다. 그리고 그 문제를 해결하는 게 바로 **자동화**입니다.

왜 자동화인가

자동화란 **"이런 조건이 되면 이렇게 해줘"**를 미리 설정해두는 겁니다.

- "테슬라가 400달러 이하로 떨어지면 알려줘"
- "엔비디아 실적 발표 전날 알려줘"
- "내 종목이 5% 급등하면 바로 알려줘"

이걸 설정해두면, 당신이 자고 있든, 회의 중이든, 퇴근길 지하철에 있든 상관없이 시스템이 대신 판단합니다.

직장인에게 자동화란?
- **새벽에 안 깨도 됩니다**
- **감정에 휘둘리지 않습니다**
- **기회를 놓치지 않습니다**

왜 n8n인가

"자동화 좋은 건 알겠어. 근데 그거 코딩해야 하는 거 아냐?"
아닙니다.

n8n은 코딩 없이 자동화를 만들 수 있는 도구입니다. 블록을 끌어다가 연결하면 끝입니다. 마치 레고 조립하는 것과 같습니다.

- **코딩 제로**
- **24시간 작동**

이 책에서는 n8n 하나로 8개의 자동화 시스템을 만듭니다. 그리고 그 첫 번째를 오늘 저녁에 만들 것입니다.

자, 이제 도구를 준비하러 가보겠습니다.

n8n이 뭔가요?

한 줄 요약

"코딩 없이 자동화를 만드는 도구"

어떻게 생겼나요?

이게 n8n 화면입니다.

왼쪽에서 오른쪽으로 **블록(노드)**들이 연결되어 있죠?

데이터가 이 블록들을 따라 흘러갑니다.

예를 들어,

[5분마다 실행] → [설정값 관리] → [주가 조회] → [목표가 도달 확인] → [알림 이메일 발송]

이렇게 연결하면,

1. 5분마다 자동으로 워크플로우가 실행되고
2. 설정해둔 종목과 목표가를 불러온 뒤
3. 현재 주가를 조회하고
4. 목표가에 도달했는지 확인해서
5. 조건을 만족하면 이메일로 알림을 보냅니다

프로그래밍 언어요? 몰라도 됩니다. 마우스로 블록 끌어다 연결하고, 설정값 몇 개 입력하면 끝입니다.

이 책에서 사용할 주요 블록들

n8n에는 수백 개의 블록이 있지만, 이 책에서 쓸 건 10개 정도입니다.

블록	하는 일
Schedule Trigger	정해진 시간에 자동 실행
HTTP Request	외부에서 데이터 가져오기 (주가 등)
IF	조건 체크 (참/거짓 분기)
Telegram	텔레그램으로 메시지 보내기
Google Sheets	구글 스프레드시트 읽기/쓰기
OpenAI	AI에게 분석 요청하기

어려워 보여도 걱정하지 않으셔도 됩니다. 하나씩 따라 하다 보면 자연스럽게 익숙해집니다.

자, 이제 진짜로 시작해볼까요?

n8n 클라우드 가입하기

n8n을 사용하는 방법은 두 가지입니다.

1. 클라우드 버전 - 가입만 하면 바로 사용 (우리는 이걸 씁니다)

2. 셀프 호스팅 - 직접 서버에 설치 (개발자용)

코딩 없이 간편하게 시작하려면 클라우드 버전이 답입니다.

Step 1: n8n 클라우드 접속

브라우저를 열고 주소창에 입력합니다.

https://n8n.cloud

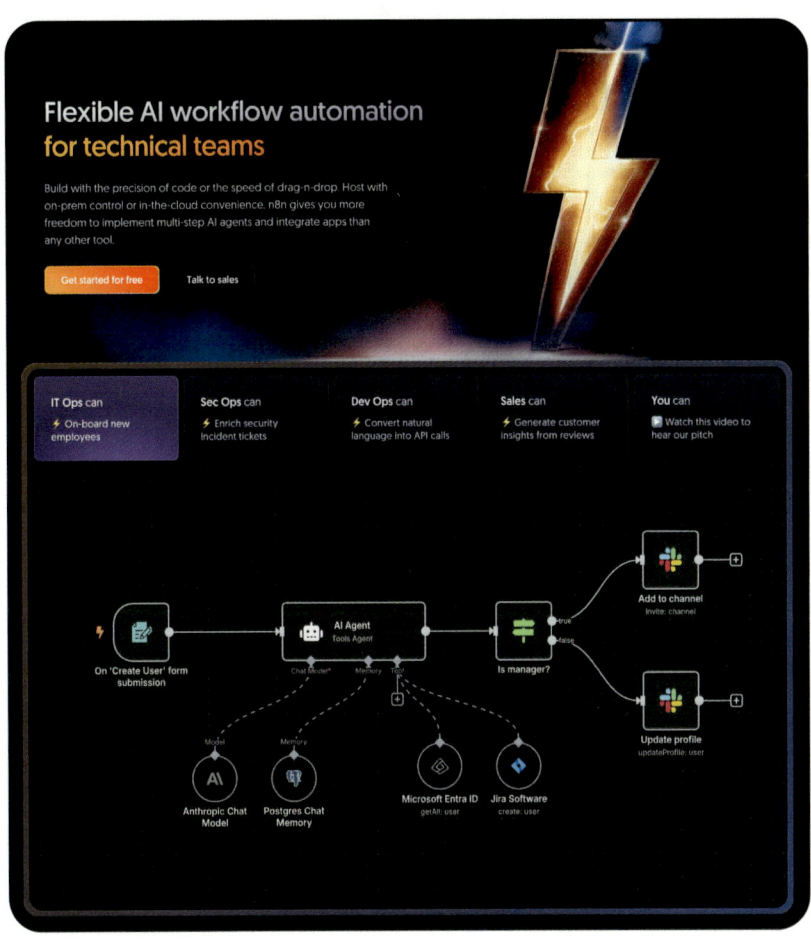

Step 2: 회원가입 시작

오른쪽 상단의 "Get started" 버튼을 클릭합니다.

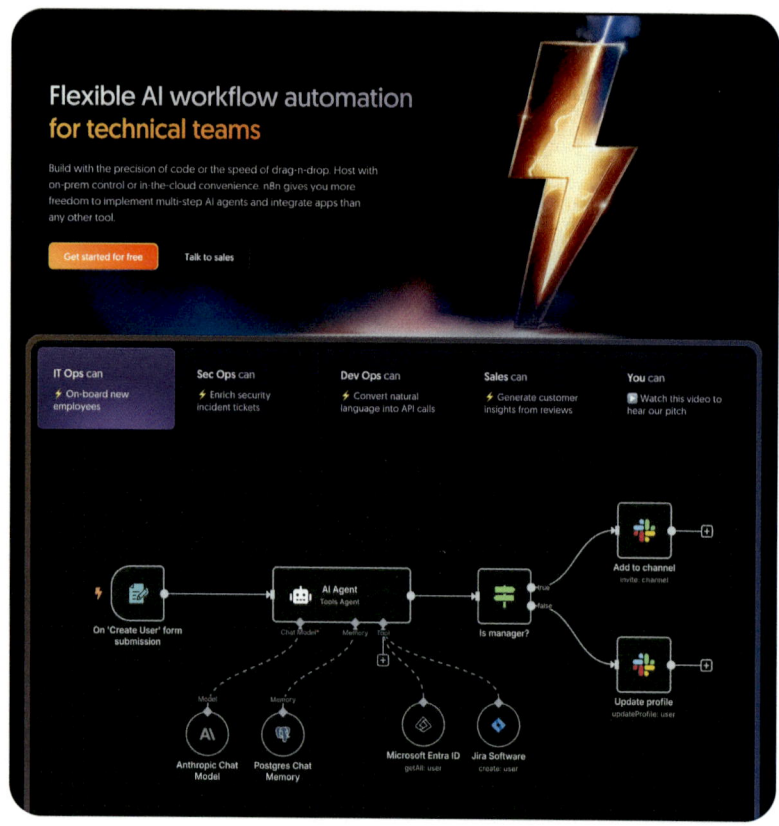

Step 3: 가입 정보 입력

아래 정보를 차례대로 입력합니다.

- **Full name:** 이름 입력
- **Company email:** 이메일 주소 입력
- **Confirm email address:** 이메일 주소 다시 입력
- **Password:** 비밀번호 설정
- **Account name:** 원하는 계정 이름 입력 (나중에 계정이름.app.n8n. cloud 주소가 됩니다.)

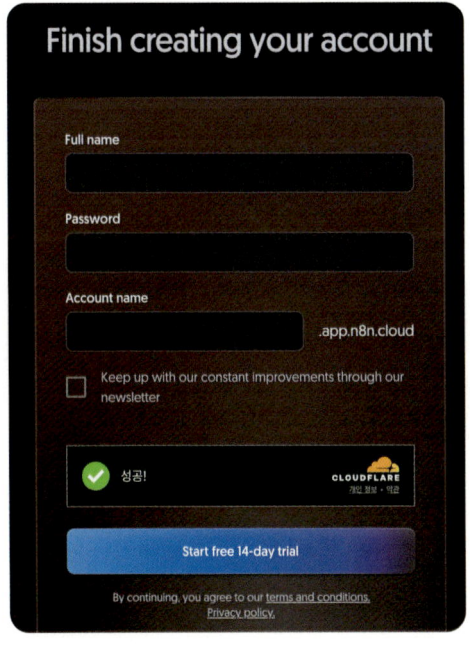

Step 4: 간단한 설문

가입 후 몇 가지 질문이 나옵니다.

- What is the size of your company? (회사 규모)
- What team are you on? (소속 팀)
- What best describes your company? (회사 유형)
- Which of these do you feel comfortable doing? (기술 수준)
- How did you hear about n8n? (가입 경로)

정답이 없으니 편하게 선택하셔도 됩니다. 나중에 사용하는 데 영향 없습니다.

다음 화면에서 "Invite team members to your workspace"가 나오면 **Skip**을 눌러 건너뜁니다.

Step 5: 워크플로우 화면 도착

설문이 끝나면 다음과 같은 화면이 나타납니다.

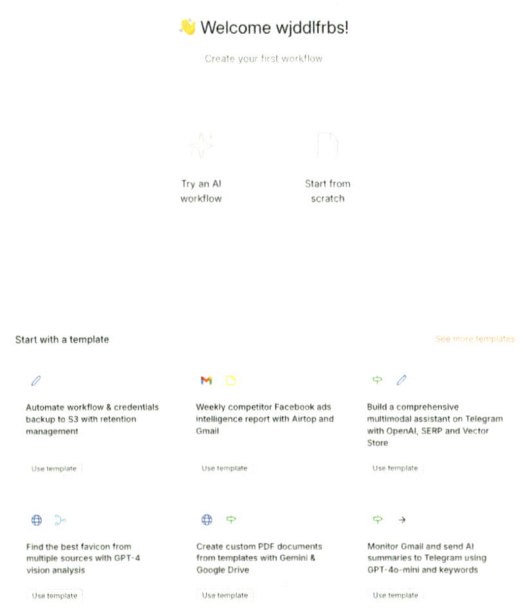

이제 첫 번째 워크플로우를 만들 차례입니다. 세 가지 선택지가 있습니다.

- **Try an AI workflow:** n8n이 미리 설계해둔 AI 워크플로우 템플릿을 불러옵니다. 노드들이 이미 연결되어 있어서 API 키 입력 등 빈칸만 채우면 바로 사용할 수 있습니다.
- **Start from scratch:** 빈 캔버스에서 처음부터 직접 만듭니다. 노드를 하나씩 추가하고 연결하며 원하는 대로 자유롭게 설계할 수 있습니다.
- **Start with a template:** n8n이 제공하는 6,800개 이상의 템플릿 중 하나를 골라 바로 사용하거나 수정할 수 있습니다. 원하는 자동화와 비슷한 템플릿이 있다면 시간을 크게 절약할 수 있습니다.

이 책에서는 **Start from scratch**를 선택해 기초부터 차근차근 배워봅니다.

💡 문제가 생겼나요?

Q: **인증 메일이 안 와요.** → 스팸함을 확인해보세요. 대부분 거기 있습니다.

Q: **무료 플랜 제한이 걱정돼요.** → 무료 플랜으로도 이 책의 모든 프로젝트를 따라 하기엔 충분합니다.

텔레그램 봇 만들기

n8n 준비가 끝났습니다.

이제 한 가지만 더 준비하면 첫 자동화를 만들 수 있습니다. 바로 **알림 받을 곳**입니다.

자동화가 작동하면 어딘가로 알림을 보내야 합니다. 이메일, 슬랙, 카카오톡 등 여러 방법이 있지만, 이 책에서는 **텔레그램**을 씁니다.

왜 텔레그램인가요?

- **무료** - 완전 무료입니다.
- **빠름** - 거의 실시간으로 알림이 옵니다.
- **쉬움** - 봇 만들기가 제일 간단합니다. (3분이면 끝)

스마트폰에 텔레그램 앱이 없다면, App Store 또는 Play Store에서 "Telegram"을 검색해서 설치하시기 바랍니다.

Step 1: BotFather 찾기

텔레그램 앱을 열고, 상단 검색창에 입력합니다.

BotFather

파란 체크 표시가 있는 공식 계정을 선택합니다. 가짜를 조심해야 합니다.

Step 2: 대화 시작

BotFather 채팅방에 들어가서 **"시작"** 또는 **"/start"**를 누릅니다.

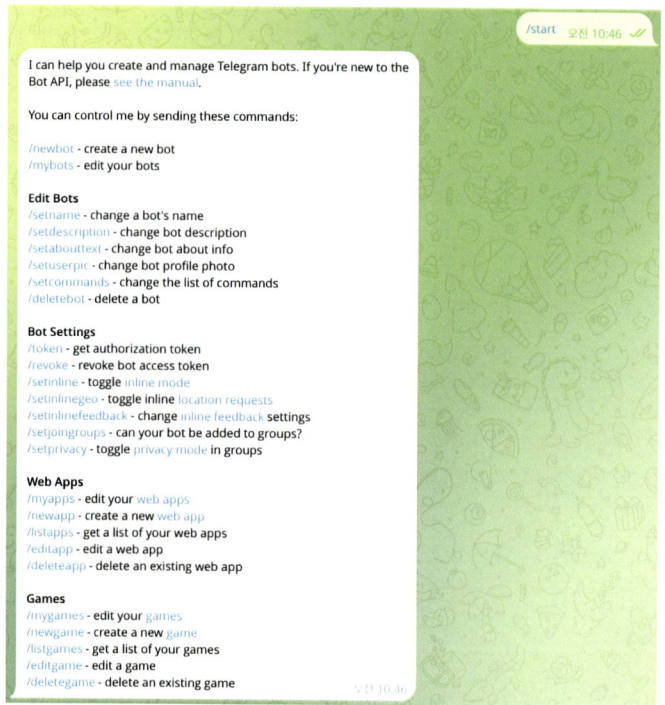

한번에 배우는 **n8n**으로 주식비서 만들기

Step 3: 새 봇 만들기

새 봇을 만들어보겠습니다. 다음과 같이 입력합니다.

/newbot

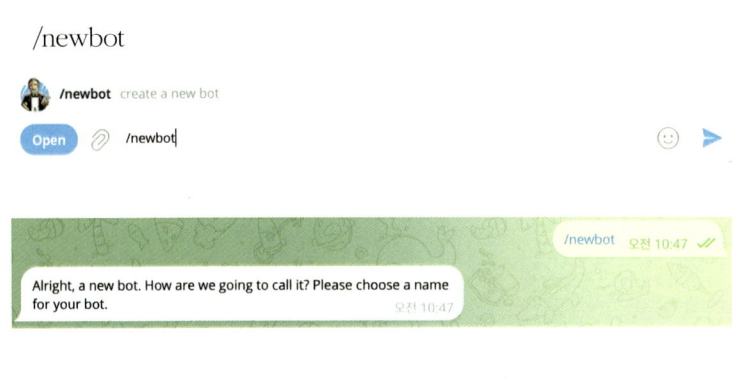

BotFather가 영어로 물어봅니다.

"Alright, a new bot. How are we going to call it? Please choose a name for your bot."

봇의 이름을 지어달라는 뜻입니다.

Step 4: 봇 이름 짓기

봇의 표시 이름을 입력합니다.

그 다음, username을 입력하라고 합니다.

username은 반드시 끝에 bot이 붙어야 합니다.

(예: TetrisBot, tetris_bot)

💡 username은 전 세계에서 유일해야 합니다.

성공하면 "Done! Congratulations on your new bot."과 함께 **토큰**
이 발급됩니다. 이 토큰은 n8n에서 봇을 연결할 때 필요하니 안전한
곳에 복사해두시기 바랍니다.

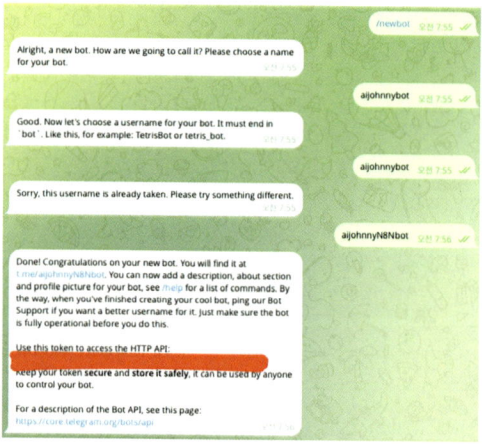

Step 5: 봇 토큰 저장하기 ⚠️

봇이 만들어지면 BotFather가 **토큰**을 줍니다.

"Use this token to access the HTTP API:"

아래와 같이 생긴 긴 문자열입니다.

7123456789:AAHxxxxxxxxxxxxxxxxxxxxxxxxxxxxxxxxxx

```
Done! Congratulations on your new bot. You will find it at
t.me/aijohnnyN8Nbot. You can now add a description, about section
and profile picture for your bot, see /help for a list of commands. By
the way, when you've finished creating your cool bot, ping our Bot
Support if you want a better username for it. Just make sure the bot
is fully operational before you do this.

Use this token to access the HTTP API:


Keep your token secure and store it safely, it can be used by anyone
to control your bot.

For a description of the Bot API, see this page:
https://core.telegram.org/bots/api
```

⚠️ 이 토큰은 비밀번호 같은 겁니다

- 남에게 절대 공유하지 않도록 합니다.
- 메모장이나 노트 앱에 복사해서 저장해둡니다.
- 나중에 n8n에서 사용할 것입니다.

Step 6: Chat ID 확인하기

토큰만으로는 부족합니다. **"누구에게"** 메시지를 보낼지도 알아야 합니다. 그게 Chat ID입니다.

텔레그램 검색창에 입력합니다.

userinfobot

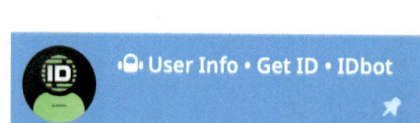

userinfobot 채팅방에서 **"START"**를 누르면 내 정보가 나옵니다.

여기서 **Id** 숫자를 복사해서 저장해둡니다.

(예: 123456789)

☑ 체크리스트

지금까지 저장해둬야 할 것입니다.

- [ ] 봇 토큰 (7123456789:AAHxxxx… 형태)
- [ ] Chat ID (숫자)

둘 다 메모해두셨나요? 그럼 다음으로 넘어갑니다.

주가 API 연결하기 (Twelve Data)

API가 뭔지 몰라도 괜찮습니다.

그냥 **"주가 데이터를 가져오는 열쇠"**라고 생각합니다. 이 열쇠만 있으면 테슬라, 애플, 엔비디아… 원하는 종목의 가격을 가져올 수 있습니다.

왜 Twelve Data인가요?

- **무료 플랜** - 하루 800번 요청 가능 (충분합니다)
- **미국주식 지원** - 나스닥, NYSE 종목 다 됩니다
- **실시간 데이터** - 지연 없이 실시간

Step 1: Twelve Data 접속

브라우저에서 접속합니다.

https://twelvedata.com

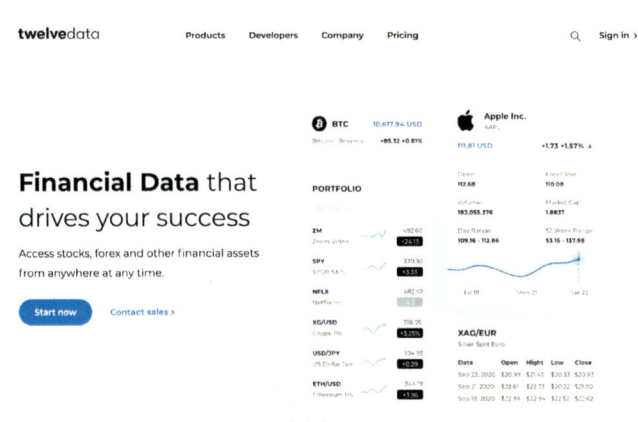

Step 2: 회원가입

오른쪽 상단 "**Sign in**"을 클릭하면 로그인 화면이 나타납니다.

아직 계정이 없다면 **Sign in with Google**을 클릭합니다. 구글 계정으로 가입하면 별도의 이메일 인증 없이 바로 시작할 수 있습니다.

또는 하단의 **Sign up** 링크를 클릭해 이메일로 직접 가입할 수도 있습니다.

Step 3: API Key 발급

로그인 후, 상단 메뉴에서 "**API Keys**"로 이동합니다.

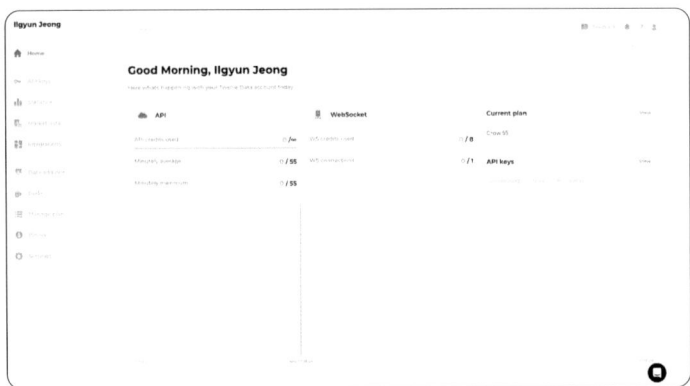

API Key가 표시됩니다. 아래와 같이 생겼습니다.

cae4b9exxxxxxxxx

⚠️ 이 키도 비밀번호 같은 겁니다

- 남에게 공유하지 않도록 합니다.
- 메모장에 복사해서 저장해둡니다.

☑️ 체크리스트 업데이트

지금까지 저장해둬야 할 것입니다.
- [ ] 텔레그램 봇 토큰
- [ ] 텔레그램 Chat ID
- [ ] Twelve Data API Key ← 새로 추가

세 개 다 준비되셨나요?

✌️ 모든 준비가 끝났습니다

이제 진짜로 첫 번째 자동화를 만들어볼 시간입니다.

[워밍업] "장 열렸습니다" 알림봇

드디어 첫 번째 자동화를 만들 시간입니다.

만들 것

매일 밤 11시 30분 (미국장 개장 시간)에 텔레그램으로

"🔔 미국장이 열렸습니다!" 알림 받기

필요한 것

- n8n 계정 ☑ (1-3에서 완료)
- 텔레그램 봇 토큰 ☑ (1-4에서 완료)
- 텔레그램 Chat ID ☑ (1-4에서 완료)

Step 1: n8n 접속 및 새 워크플로우 만들기

n8n.cloud에 로그인합니다.

Overview 화면에서 오른쪽 상단의 "**Create workflow**" 버튼을 클릭합니다.

빈 캔버스가 나타나면 "**Add first step…**"을 클릭해 첫 번째 노드를 추가합니다.

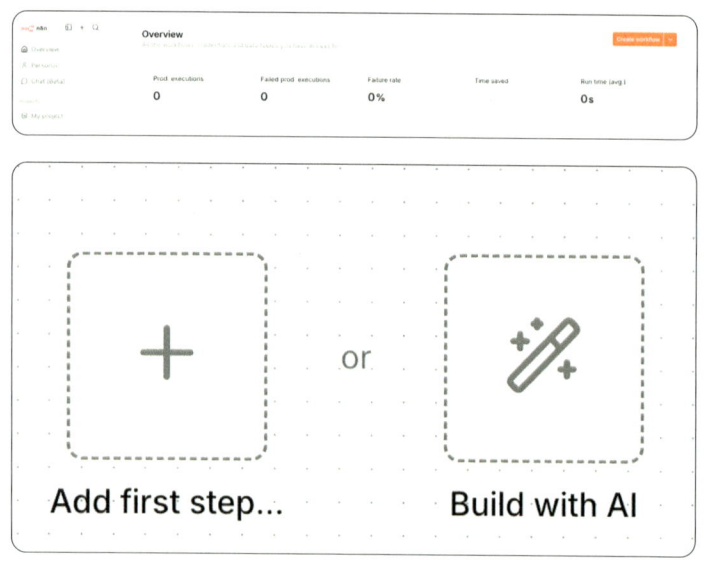

한번에 배우는 **n8n**으로 주식비서 만들기

Step 2: 워크플로우 이름 짓기

상단의 "**My workflow**"를 클릭해서 이름을 바꿔줍니다.

장 개장 알림봇

> ⚲ Personal 장 개장 알림 봇 + Add tag

Step 3: Schedule Trigger 추가

캔버스 빈 곳을 클릭하면 노드 추가 창이 뜹니다.

검색창에 입력: Schedule Trigger

What triggers this workflow?
A trigger is a step that starts your workflow

🔍   schedule Trigger| ⊗

🕐   Schedule Trigger ⚡

👥   Acuity Scheduling

"Schedule Trigger"를 클릭해서 추가합니다.

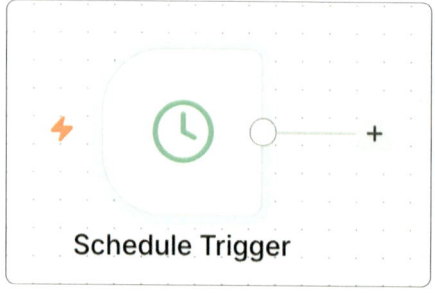

Step 4: 스케줄 설정

Schedule Trigger 노드를 클릭하면 설정 패널이 열립니다.

설정을 다음과 같이 바꿔줍니다.

- **Trigger Interval:** Custom (Cron)
- **Expression:** 아래 값 입력

30 23 * * 1-5

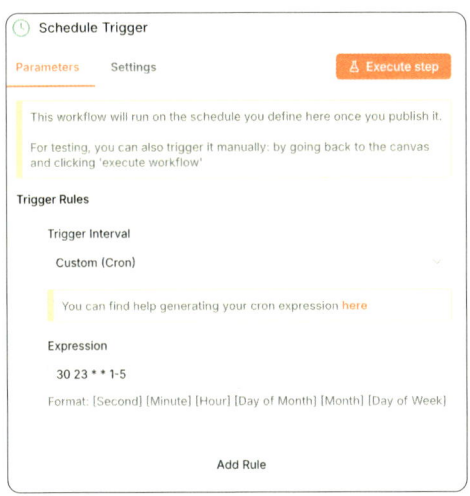

💡 이 표현의 의미: **"매주 월~금, 밤 11시 30분에 실행해라"**

Step 5: Telegram 노드 추가

Schedule Trigger 노드 오른쪽의 "+" 버튼을 클릭합니다

검색창에 입력: Telegram

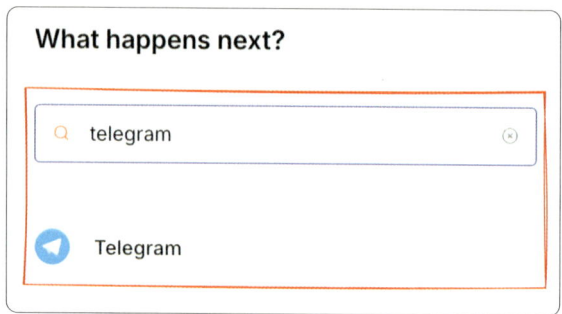

"Telegram"을 선택하고, 액션에서 "Send a Text Message"를 선택
합니다.

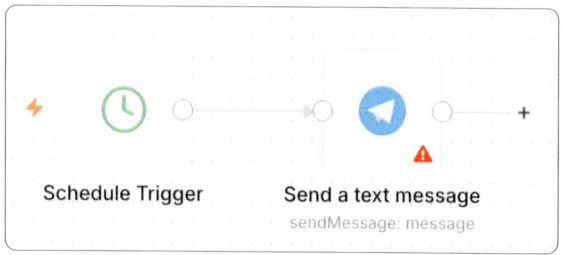

Telegram 노드에 보이는 ⚠ 경고 표시는 아직 필수 설정이 완료되지 않았다는 뜻입니다. Credential(인증 정보)이나 Chat ID 등을 입력하면 사라지니 걱정하지 않아도 됩니다. 다음 단계에서 하나씩 설정해 나갈 예정입니다.

Step 6: Telegram Credential 설정

Telegram 노드를 클릭하면 설정 패널이 열립니다.

Credential 부분에서 **"Create New Credential"**을 클릭합니다.

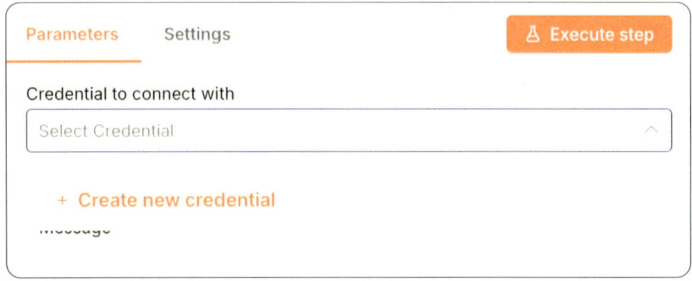

새 창이 뜹니다. 여기에 다음과 같이 입력합니다.

- **Access Token:** 1-4에서 저장해둔 봇 토큰을 붙여넣기

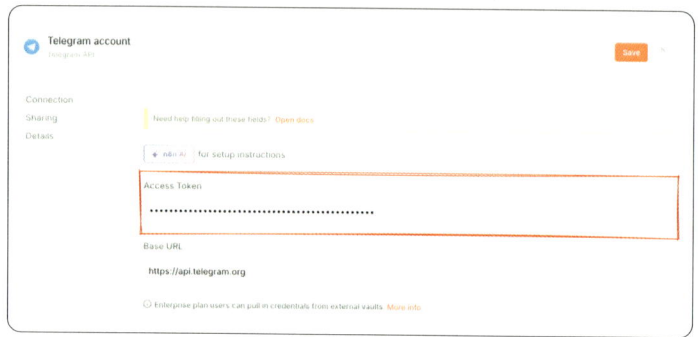

"Save" 클릭.

Step 7: 메시지 설정

다시 Telegram 노드 설정으로 돌아옵니다.

- **Chat ID:** 1-4에서 저장해둔 Chat ID 입력
- **Text:** 보낼 메시지 입력

🔔 미국장이 열렸습니다!

좋은 투자 되세요 💰

설정을 완료하면 캔버스에 두 노드가 연결된 모습이 보입니다.

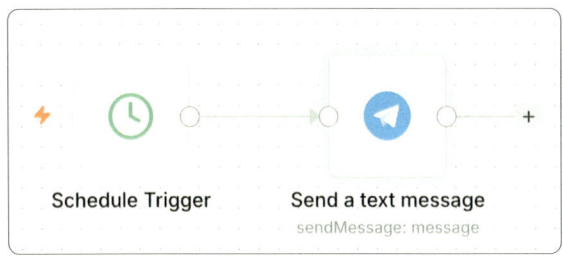

Step 8: 테스트하기

진짜 11시 30분까지 기다릴 수 없으니, 테스트를 해봅니다.

"Execute Workflow" 버튼을 클릭합니다.

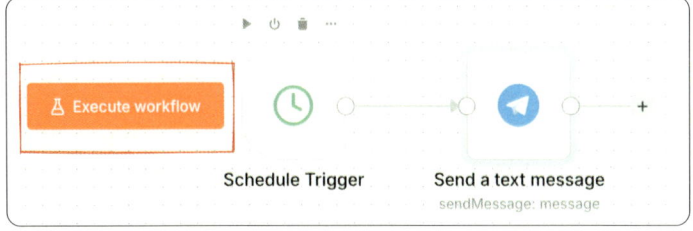

잠시 후 텔레그램에 아래와 같은 내용의 메시지가 온 걸 확인할 수 있습니다.

> **미국장이 열렸습니다!**
>
> *This message was sent automatically with* n8n　　오후 2:30

📱 텔레그램에 메시지가 왔나요?

Step 9: 워크플로우 활성화

테스트가 성공했으면, 이제 진짜로 켜둡니다.

1. 오른쪽 상단의 **Publish** 버튼을 클릭합니다.

2. "Publish workflow" 창이 나타나면 Version name은 그대로 두고 **Publish** 버튼을 클릭합니다.

3. "Production Checklist" 화면이 나타나면 하단의 **Ignore for all workflows**를 클릭합니다. (이 설정들은 나중에 필요할 때 추가할 수 있습니다.)

Publish를 완료하면 워크플로우가 프로덕션 상태가 되어, 설정한 시간(매일 오후 11시 30분)에 자동으로 실행됩니다.

💡 **Save와 Publish의 차이**

Save는 작업 내용만 저장하고, Publish를 해야 실제로 워크플로우가 작동합니다.

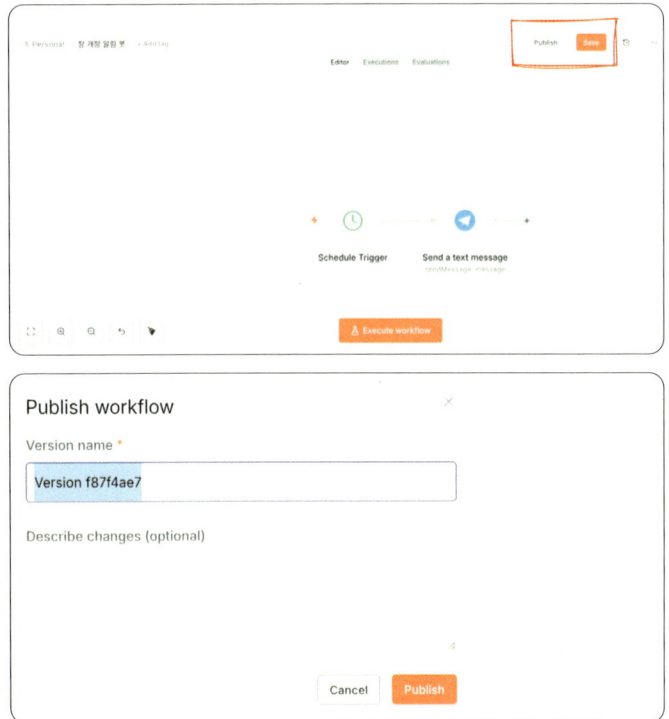

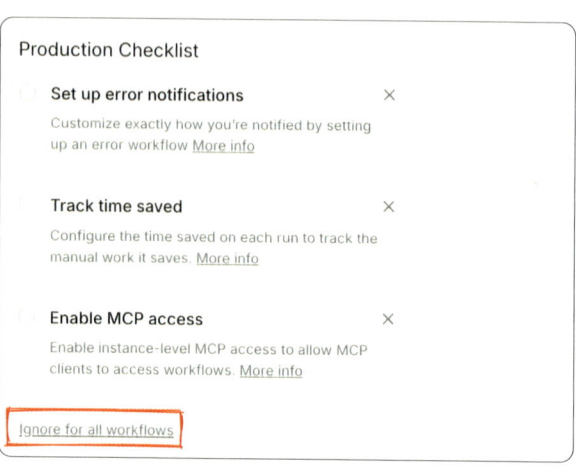

🎉 축하합니다

방금 당신의 첫 자동화가 완성됐습니다.

💡 문제가 생겼나요?

Q: 테스트했는데 메시지가 안 와요.

→ 봇 토큰과 Chat ID가 정확한지 확인합니다. 앞뒤 공백이 들어가
면 안 됩니다.

Q: "Unauthorized" 에러가 떠요.

→ 봇 토큰이 잘못된 거예요. BotFather에서 다시 확인해보세요.

Q: Chat ID가 틀렸다는 에러가 나요.

→ userinfobot에서 받은 숫자가 맞는지 확인합니다.

[확장] 장 마감 알림도 추가해보기

첫 자동화가 성공했다면, 도전 과제를 드리겠습니다.

미션: 장 마감 시간(오전 6시)에도 알림을 받아보세요.

힌트:

0 6 * * 2-6

💡 왜 '화요일~토요일'일까요?

미국 시간 기준 월~금 장 마감이 한국 시간으로는 화~토 오전 6시
이기 때문입니다.

[미리보기] Part 2에서는 이런 걸 만들어요

지금 만든 알림봇은 "정해진 시간"에 알림을 보냅니다.

Part 2에서는 **실제 주가 데이터**를 가져올 것입니다.

- 테슬라가 400달러 아래로 떨어지면 알림
- 내 종목이 5% 급등하면 알림
- S&P 500 현재 지수와 함께 알림

이런 걸 만들 수 있습니다. 1-5에서 발급받은 API 키가 여기서 쓰입니다.

기대되시죠?

Part 2

놓치지 않는
투자자 되기

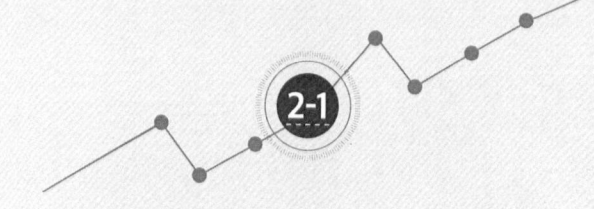

[프로젝트1] 목표가 스나이퍼

이런 상황, 겪어보셨죠?

"테슬라 380달러 되면 사야지."

우리는 마음속으로 정해둔 목표가 있습니다. 그런데 막상 380달러가 됐을 때 당신은 어디에 있었나요?

- 회의 중
- 자는 중
- 퇴근길 지하철

확인했을 땐 이미 400달러, 420달러… 또 놓쳤습니다.

목표가 스나이퍼는 이 문제를 해결합니다. 원하는 종목이 원하는 가격에 도달하면, 그 즉시 알림을 보내줍니다. 당신이 뭘 하고 있든 상관없이.

만들 것

테슬라 주가가 380달러 이하로 떨어지면 텔레그램으로

"⚙ **테슬라 목표가 도달! 현재가: $450**" 알림 받기

완성되면 이런 알림이 옵니다.

미국장이 열렸습니다!

This message was sent automatically with n8n   오후 2:30

필요한 것

- n8n 계정 ☑ (Part 1에서 완료)

- 텔레그램 봇 ☑ (Part 1에서 완료)
- Twelve Data API 키 ☑ (Part 1에서 완료)

Part 1에서 모든 준비를 마쳤으니, 바로 시작합니다.

Step 1: 새 워크플로우 만들기

n8n.cloud에 로그인합니다.

Overview 화면에서 오른쪽 상단의 **Create workflow** 버튼을 클릭합니다.

빈 캔버스가 나타나면 **Add first step**…을 클릭해 첫 번째 노드를 추가합니다.

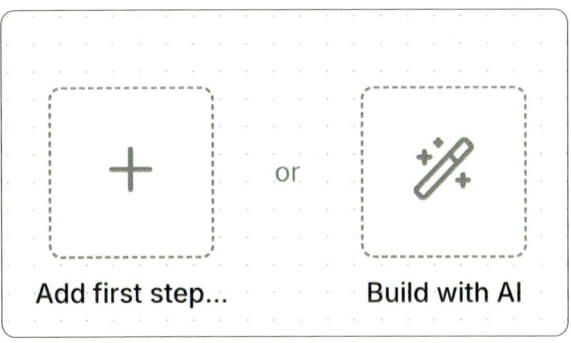

Step 2: Schedule Trigger 추가

캔버스 빈 곳을 클릭하면 노드 추가 창이 뜹니다.

검색창에 입력: Schedule Trigger

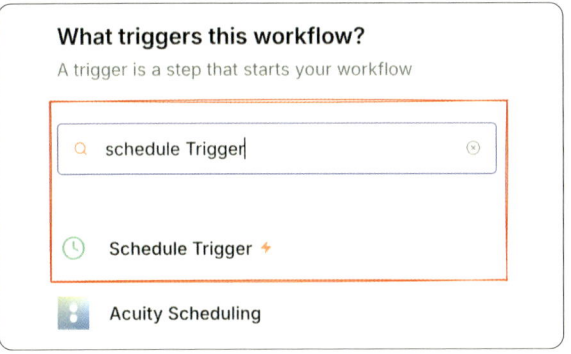

"Schedule Trigger"를 클릭해서 추가합니다.

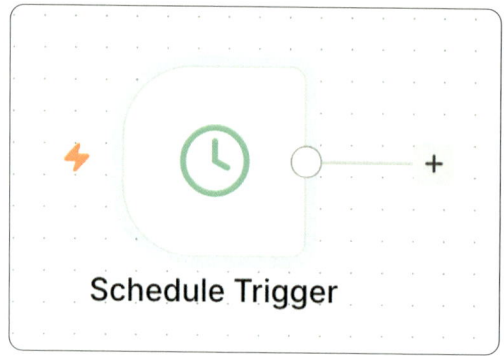

먼저 "얼마나 자주 주가를 확인할지" 설정합니다.

[설정]

- **Trigger Interval**: Minutes

- **Minutes Between Triggers**: 5

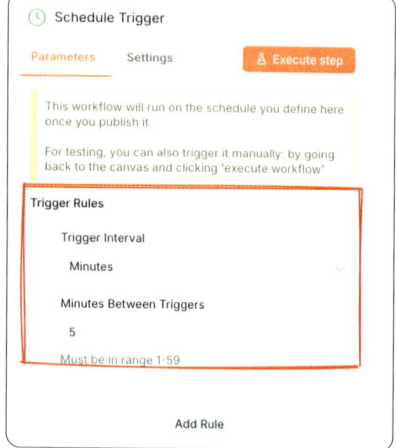

💡 5분마다 주가를 확인합니다. 더 자주 확인하고 싶으면 1분으로 바꿔도 되지만, API 호출 횟수 제한(무료 플랜 하루 800번)에 주의하세요.

Step 3: HTTP Request 노드 추가 (현재가 가져오기)

Schedule Trigger 노드 오른쪽의 **"+"** 버튼을 클릭합니다.

검색창에 입력: HTTP Request

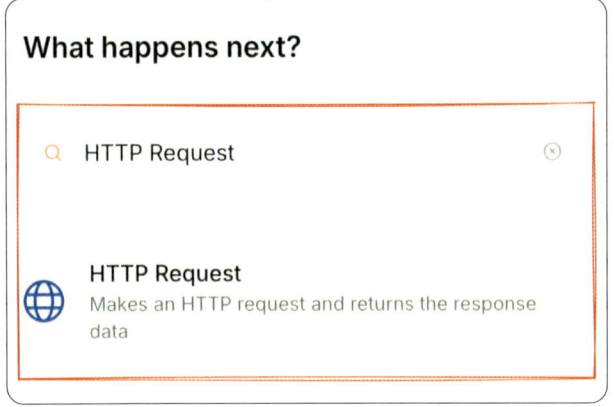

[설정]

- **Method:** GET
- **URL:** https://api.twelvedata.com/price
- **Send Query Parameters:** 토글 켜기

Query Parameters에서 **Add Parameter**를 두 번 클릭해서 아래 항목을 추가합니다.

Name	Value
symbol	TSLA
apikey	YOUR_API_KEY (Part 1에서 발급받은 키)

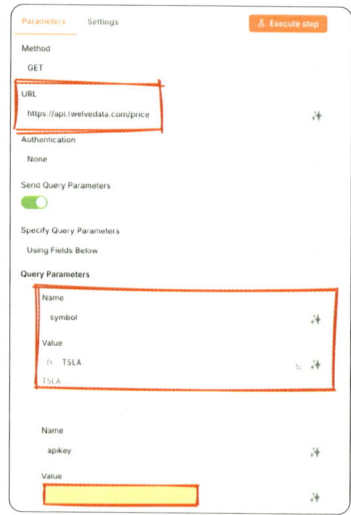

한번에 배우는 n8n으로 주식비서 만들기

💡 symbol=TSLA 부분을 바꾸면 다른 종목도 조회할 수 있습니다. 애플은 AAPL, 엔비디아는 NVDA.

Step 4: 테스트 – 주가 잘 가져오는지 확인

HTTP Request 노드를 클릭하고 **"Execute workflow"** 버튼을 누릅니다.

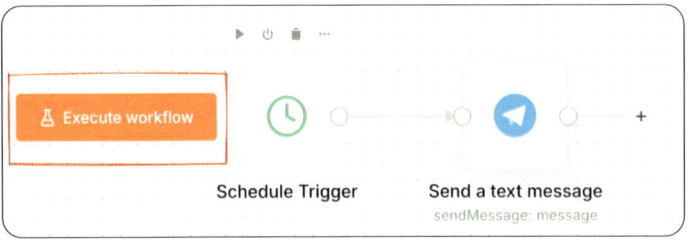

결과: 440.925

테슬라 현재가가 나오면 성공입니다.

Step 5: IF 노드 추가 (목표가 체크하기)

HTTP Request 노드 오른쪽의 "**+**" 버튼을 클릭합니다.

검색창에 입력: IF

이제 "주가가 450달러 이하인지" 체크하는 조건을 설정합니다.

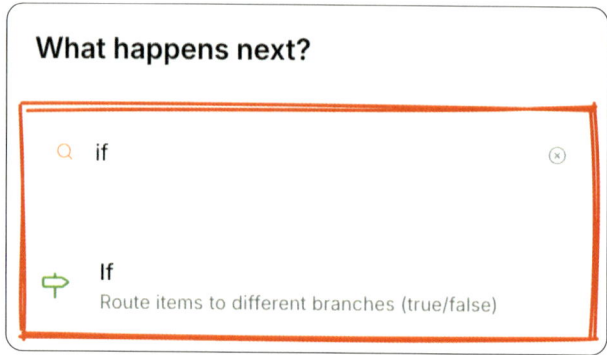

[설정]

1. 왼쪽 INPUT 패널에서 **HTTP Request** 아래의 **price**를 오른쪽
   Conditions 영역으로 **드래그&드롭**합니다.

2. **Operation**: is less than or equal (작거나 같음) 선택

3. 아래 빈 칸에 목표가 입력: 45x0

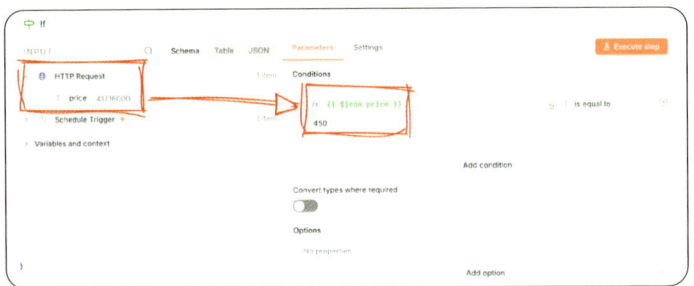

💡 **드래그&드롭이 안 보인다면?**

HTTP Request 노드를 먼저 실행(Test step)해야 왼쪽에 price 데이터가 나타납니다. 이전 단계에서 테스트를 안 했다면 먼저 실행해줍니다.

💡 **Problem in node 'If'**

Wrong type: '440.26' is a string but was expecting a number [condition 0, item 0]

위의 에러가 발생할 수 있습니다. 아래의 이미지 처럼 Convert

types where required 버튼을 클릭하면 문제가 해결됩니다.

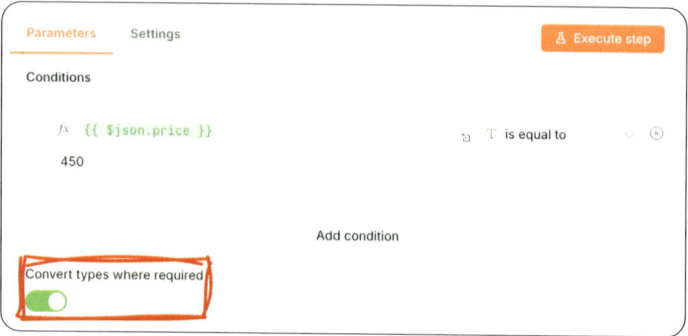

Step 6: Telegram 노드 추가 (알림 보내기)

IF 노드에는 두 개의 출구가 있습니다.

- **true** (조건 만족) → 목표가 도달
- **false** (조건 불만족) → 아직 안 됐음

true 출구에 Telegram 노드를 연결합니다.

IF 노드의 "true" 오른쪽 "+" 버튼을 클릭합니다.

검색창에 입력: Telegram

"Telegram"을 선택하고, 액션에서 "Send a Text Message"를 선택합니다.

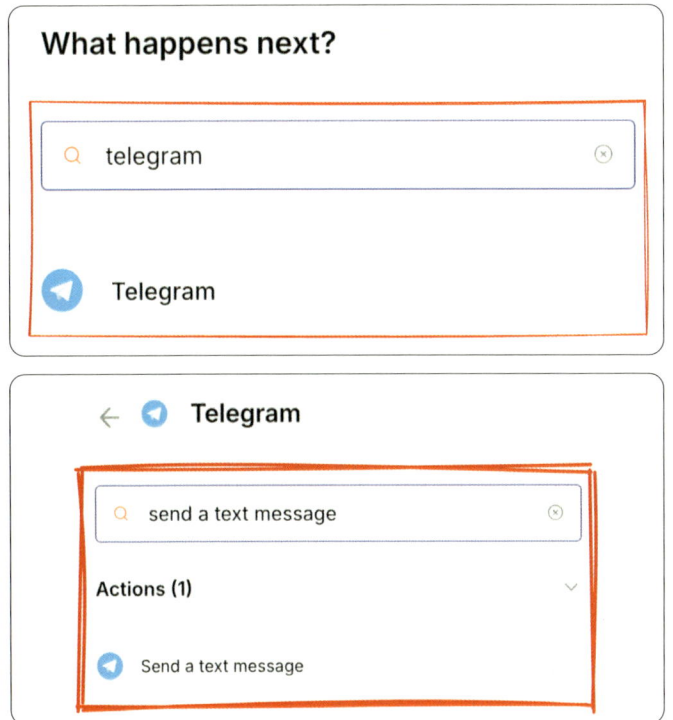

[설정]

- **Credential**: Part 1에서 만든 Telegram credential 선택
- **Chat ID**: 본인 Chat ID 입력
- **Text:** 아래 순서대로 작성

  1) 먼저 텍스트를 입력합니다.

     ☼ 목표가 도달

     테슬라(TSLA)가 목표가에 도달했습니다.

     현재가: $

  2) 왼쪽 INPUT 패널에서 **HTTP Request** 아래의 **price**를 현재 가: $ 뒤로 **드래그&드롭**합니다.

  3) 이어서 나머지 텍스트를 입력합니다.

     지금 확인합니다

  4) 완성된 Text는 다음과 같이 보입니다.

     ☼ 목표가 도달!

     테슬라(TSLA)가 목표가에 도달했습니다.

     현재가: ${{ $('HTTP Request').item.json.price }}

     지금 확인합니다.

Text

🎯 목표가 도달!

fx 테슬라(TSLA)가 목표가에 도달했습니다.

현재가: {{ $('HTTP Request').item.json.price }}

지금 확인하세요!

Step 7: 전체 연결 확인 및 테스트

캔버스를 보면 이렇게 되어 있어야 합니다.

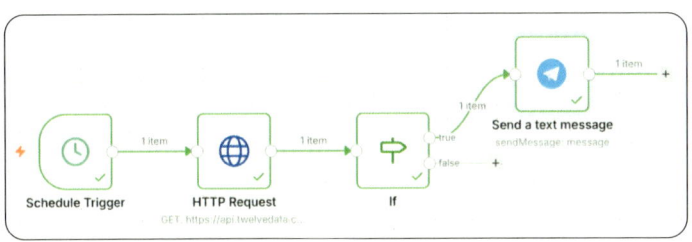

테스트하기

현재 테슬라 주가가 목표가보다 높다면, 테스트를 위해 IF 노드의
조건을 잠시 바꿔봅니다.

- 목표가를 현재가보다 높은 값으로 변경 (예: 500)

이러면 조건이 만족되어 알림이 갑니다.

"Execute Workflow" 버튼을 클릭합니다.

잠시 후 텔레그램에 메시지가 온 걸 확인할 수 있습니다.

성공했으면 IF 노드 조건을 원하는 목표가로 다시 설정합니다.

워크플로우 활성화

1. 오른쪽 상단의 Publish 버튼을 클릭합니다.
2. "Publish workflow" 창이 나타나면 Publish 버튼을 클릭합니다.
3. "Production Checklist" 화면이 나타나면 하단의 Ignore for all workflows를 클릭합니다.

🎉 목표가 스나이퍼 완성

이제 5분마다 테슬라 주가를 확인하고, 목표가 이하가 되면 알림을 보내줍니다. 24시간 쉬지 않고요.

그대로 두면 조건이 만족되는 동안 5분마다 계속 알림이 옵니다. 목표가를 수정하고 싶으면 IF 노드 조건을 바꾸고 다시 활성화하면 됩니다.

💡 문제가 생겼나요?

Q: 테스트했는데 알림이 안 와요.

→ IF 노드에서 조건이 false로 나가고 있을 수 있어요. 조건 값을 확인합니다.

Q: $\{\{ \$('HTTP Request').item.json.price \}\}$ 부분이 그대로 표시돼요.

→ 중괄호를 정확히 입력했는지 확인합니다. {{와 }} 사이에 공백 없이요.

Q: "Cannot read property 'price'" 에러가 나요.

→ HTTP Request에서 데이터를 제대로 못 가져오고 있어요. API 키와 URL을 다시 확인합니다.

[확장] 여러 종목 동시에 감시하기

테슬라만 감시하면 아쉽겠죠?

도전 과제: 애플(AAPL), 엔비디아(NVDA)도 함께 감시해보시기 바랍니다.

지금은 워크플로우를 복제해서 종목만 바꾸는 방식으로 해보면 됩니다.

⚠ API 호출 제한 주의

Twelve Data 무료 플랜은 하루 800번 제한이 있습니다. 5분마다 체크하면 하루 288번 사용합니다.

종목을 3개 이상 감시하려면 다음의 사항을 참고합니다.

- 체크 주기를 10분, 15분으로 늘리거나
- 유료 플랜 업그레이드를 고려하셔야 합니다

[프로젝트2] 급등주 레이더

왜 급등/급락 알림이 필요한가

주가는 하루에도 몇 번씩 출렁입니다.
문제는 큰 움직임이 있을 때 우리는 보통 모른다는 것입니다.

- 장중에 10% 급등 → 퇴근 후 확인 → 이미 차익실현 끝
- 새벽에 급락 뉴스 → 아침에 확인 → 이미 반등

급등주 레이더는 내가 지정한 종목이 일정 비율 이상 움직이면 바로 알려줍니다. 5% 급등이든, 3% 급락이든, 실시간으로 말입니다.

만들 것

테슬라 주가가 전일 대비 5% 이상 변동하면 텔레그램으로 알림 받기

완성되면 이런 알림이 옵니다.

필요한 것

- n8n 계정 ☑ (Part 1에서 완료)
- 텔레그램 봇 ☑ (Part 1에서 완료)
- Twelve Data API 키 ☑ (Part 1에서 완료)

Step 1: 새 워크플로우 만들기

n8n.cloud에 로그인합니다.

Overview 화면에서 오른쪽 상단의 **"Create workflow"** 버튼을 클릭합니다.

빈 캔버스가 나타나면 **"Add first step…"**을 클릭해 첫 번째 노드를 추가합니다.

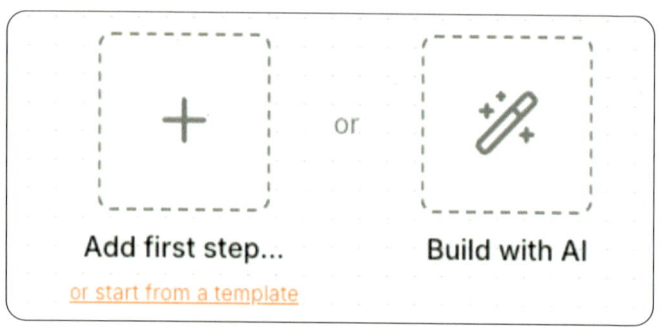

왼쪽 상단의 "**My workflow**"를 클릭해서 이름을 바꿔줍니다.

급등주 레이더 - 테슬라

Step 2: Schedule Trigger 추가

캔버스 빈 곳을 클릭하면 노드 추가 창이 뜹니다.

검색창에 입력: Schedule Trigger

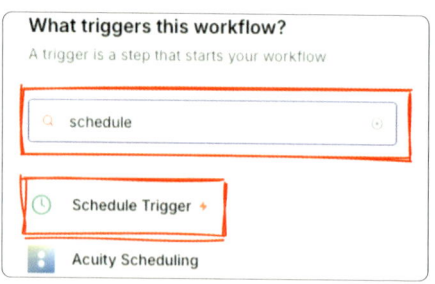

한번에 배우는 **n8n**으로 주식비서 만들기

"**Schedule Trigger**"를 클릭해서 추가합니다.

먼저 "얼마나 자주 주가를 확인할지" 설정합니다.

[설정]

- **Trigger Interval**: Minutes

- **Minutes Between Triggers**: 5

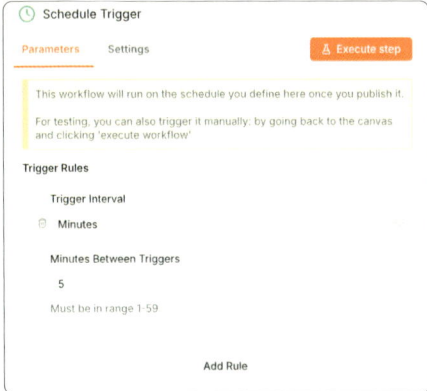

💡 5분마다 주가를 확인합니다. 더 자주 확인하고 싶으면 1분으로 바꿔도 되지만, API 호출 횟수 제한(무료 플랜 하루 800번)에 주의하시기 바랍니다.

Step 3: HTTP Request 노드 추가 (시세 데이터 가져오기)

Schedule Trigger 노드 오른쪽의 "+" 버튼을 클릭합니다.

검색창에 입력: HTTP Request

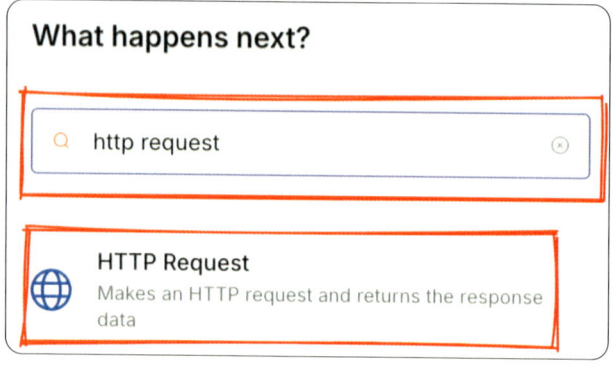

이번에는 현재가뿐만 아니라 **변동률**도 가져와야 합니다. Twelve Data의 quote 엔드포인트를 사용합니다.

[설정]

- **Method:** GET

- **URL:** https://api.twelvedata.com/quote

- **Send Query Parameters:** 토글 켜기

Query Parameters에서 **Add Parameter**를 두 번 클릭해서 아래 항목을 추가합니다.

Name	Value
symbol	TSLA
apikey	YOUR_API_KEY (Part 1에서 발급받은 키)

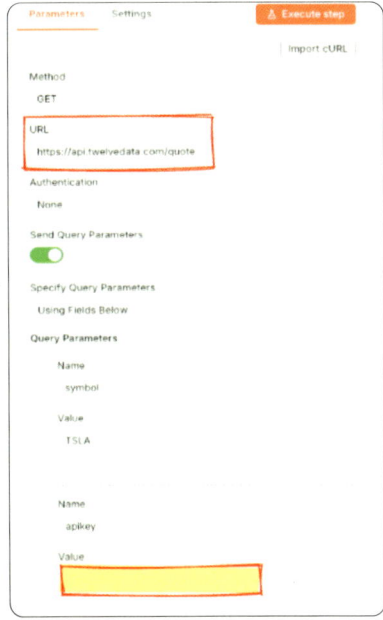

Step 4: 테스트 - 데이터 잘 가져오는지 확인

HTTP Request 노드를 클릭하고 **"Execute step"** 버튼을 누릅니다.

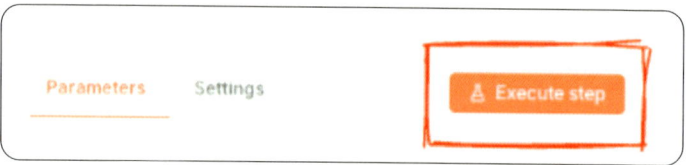

오른쪽 OUTPUT 패널에 결과가 나타납니다:

- **symbol**: TSLA

- **name**: Tesla Inc.

- **exchange**: NASDAQ

- **close**: 438.07 (현재가)

- **previous_close**: 449.72 (전일 종가)

- **change**: -11.65 (변동액)

- **percent_change**: -2.59 (변동률)

percent_change가 변동률입니다. 이걸 활용합니다.

Step 5: 로직 이해하기

노드를 추가하기 전에, 먼저 로직을 이해하고 가겠습니다.

1. 주가 변동률 확인

2. +5% 이상? → 급등 알림

3. +5% 미만이면 → 다시 체크

4. -5% 이하? → 급락 알림

5. 둘 다 아니면 → 아무것도 안 함

이걸 n8n으로 구현하면 다음과 같습니다.

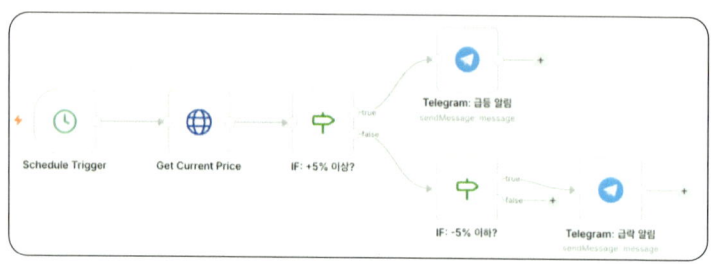

IF가 두 개 연결되는 구조입니다. 하나씩 만들어보겠습니다.

Step 6: IF 노드 추가 (급등 체크)

HTTP Request 노드 오른쪽의 "**+**" 버튼을 클릭합니다.

검색창에 입력: IF

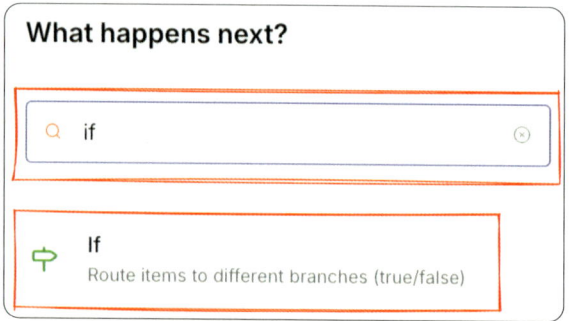

[설정]

1. 왼쪽 INPUT 패널에서 **HTTP Request** 아래의 **percent_change** 를 오른쪽 Conditions 영역으로 **드래그&드롭**합니다.

2. **Operation**: is greater than or equal (크거나 같음) 선택

3. 아래 빈 칸에 입력: 5

4. **Convert types where required**: 토글 켜기

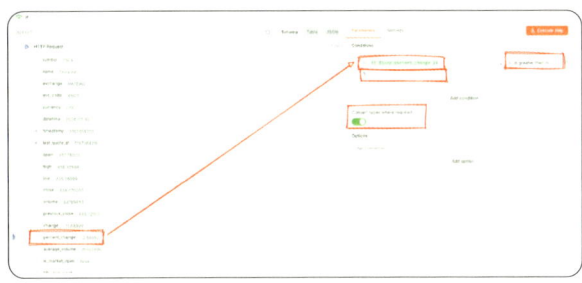

Step 7: Telegram 노드 추가 (급등 알림)

IF 노드의 "**true**" 오른쪽 "**+**" 버튼을 클릭합니다.

검색창에 입력: Telegram

"Telegram"을 선택하고, 액션에서 "**Send a Text Message**"를 선택합니다.

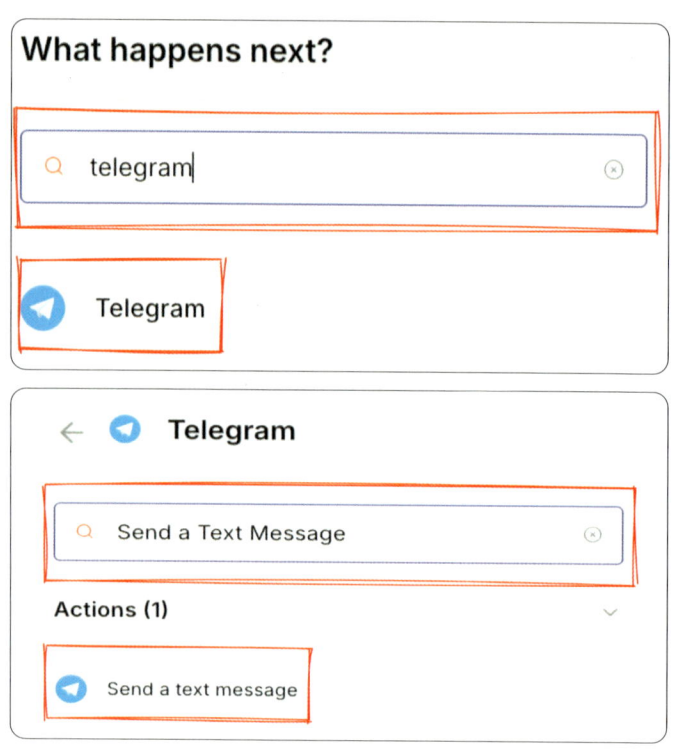

[설정]

- **Credential:** Part 1에서 만든 Telegram credential 선택

- **Chat ID:** 본인 Chat ID 입력

- **Text:** 오른쪽 상단의 **Expression**을 클릭해서 모드를 전환합니다

💡 Fixed vs Expression

- **Fixed:** 일반 텍스트만 입력 가능. 데이터를 넣으려면 드래그&드롭 필요
- **Expression:** 텍스트와 데이터를 한 번에 작성 가능. 긴 메시지 작성할 때 훨씬 편함

💡 입력창이 너무 작다면?

오른쪽 하단의 **확장 버튼**을 클릭하면 입력창이 크게 열려서 긴 메시지를 편하게 작성할 수 있습니다.

Expression 모드에서 아래 순서대로 작성합니다.

1) 먼저 텍스트를 입력합니다.

   📊 급등 알림

   테슬라(TSLA)가 5% 이상 급등했습니다.

   변동률:

2) 왼쪽 INPUT 패널에서 **percent_change**를 변동률: 뒤로 **드래그&드롭**합니다.

3) 이어서 입력합니다.

   %

   현재가: $

4) 왼쪽 INPUT 패널에서 **close**를 현재가: $ 뒤로 **드래그&드롭**합니다.

5) 마지막으로 입력합니다.

지금 확인합니다.

> **Expression**
> Anything inside {{ }} is JavaScript. Learn more
>
> 📈 급등 알림!
>
> 테슬라(TSLA)가 5% 이상 급등했습니다.
> 변동률:{{ $('HTTP
> Request').item.json.percent_change }}
> %
> 현재가: $
> 지금 확인하세요!

Step 8: 두 번째 IF 노드 추가 (급락 체크)

IF 노드의 **"false"** 출구에 또 다른 IF 노드를 추가합니다.

[설정]

1. 왼쪽 INPUT 패널에서 **percent_change**를 오른쪽 Conditions
   영역으로 **드래그&드롭**합니다.

2. **Operation: less than or equal (작거나 같음) 선택**

3. 아래 빈 칸에 입력: -1

4. **Convert types where required: 토글 켜기**

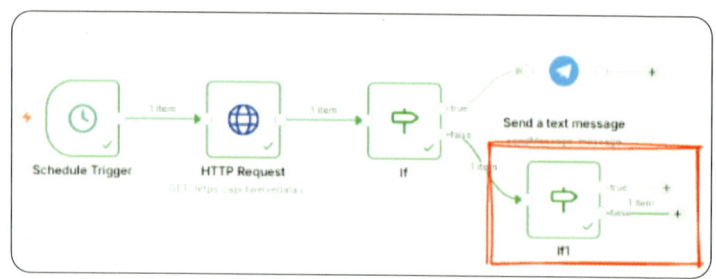

Step 9: Telegram 노드 추가 (급락 알림)

두 번째 IF 노드의 **"true"** 오른쪽 **"+"** 버튼을 클릭합니다.

검색창에 입력: Telegram

"Telegram"을 선택하고, 액션에서 "Send a Text Message"를 선택합니다.

[설정]

- **Credential**: Part 1에서 만든 Telegram credential 선택
- **Chat ID**: 본인 Chat ID 입력
- **Text**: Step 7과 같은 방식으로 Expression 모드에서 작성

[완성된 메시지]

📉 급락 알림

테슬라(TSLA)가 -1% 이상 급락했습니다.

변동률: (percent_change 드래그&드롭)%

현재가: $(close 드래그&드롭)

손절 여부를 확인합니다.

[스크린샷: 급락 알림 메시지 설정]

Step 9: 전체 연결 확인

캔버스를 보면 이렇게 되어 있어야 합니다.

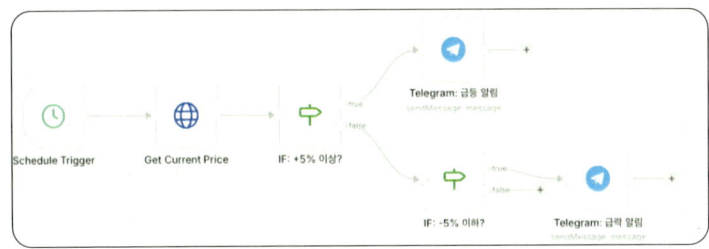

Step 10: 테스트 및 활성화

테스트할 때는 조건을 1과 -1로 낮춰서 알림이 오는지 확인합니다.

확인 후 원래대로 5와 -5로 돌려놓고 Active를 켭니다.

🎉 급등주 레이더 완성

💡 **중복 알림 주의**

급등/급락 상태가 유지되면 5분마다 알림이 올 수 있습니다. 알림을 받으면 해당 종목은 오늘 하루 워크플로우를 꺼두는 것도 방법입니다.

💡 **문제가 생겼나요?**

Q: percent_change가 문자열이라 비교가 안 돼요.

→ n8n이 자동으로 숫자 변환해줍니다. 그래도 안 되면 조건 값 앞

뒤 공백을 확인합니다.

Q: 급락인데 급등 알림이 가요.

→ 두 번째 IF 조건에 마이너스(-)를 빼먹지 않았는지 확인합니다.

[확장] 거래량 급증도 감지하기

주가 변동과 함께 거래량 급증도 중요한 신호입니다.

도전 과제: quote 응답에 volume 필드가 있습니다. 거래량이 평소보다 급증하면 알림을 보내봅니다.

[프로젝트3] 실적 캘린더봇

어닝 시즌, 왜 중요한가

미국 주식 투자에서 **어닝(실적 발표)**은 가장 큰 이벤트입니다.

실적 발표 날, 주가는 10~20% 폭등하기도, 폭락하기도 합니다. 문제는 다음과 같습니다.

- "테슬라 실적 발표가 언제더라?"
- "애플은 다음 주였나, 다다음 주였나?"

매번 찾아보기 귀찮고, 깜빡하면 놓칩니다.

실적 캘린더봇은 내가 관심 있는 종목의 실적 발표 일정을 미리 알려줍니다. D-3, D-1 이렇게요.

⚠ 이 프로젝트는 유료 플랜이 필요합니다

실적(Earnings) 데이터는 Twelve Data **Grow 플랜($29/월)**부터 사용 가능합니다.

Part 1에서 발급받은 API 키는 그대로 사용하고, 플랜만 업그레이드하면 됩니다.

[업그레이드 방법]

1. twelvedata.com 로그인
2. Dashboard → Billing
3. Grow 플랜 선택

💡 실적은 미국주식의 슈퍼볼입니다. $29으로 어닝 시즌을 놓치지 않을 수 있다면, 충분히 가치 있는 투자입니다.

유료 플랜이 부담되면 이 프로젝트는 건너뛰어도 됩니다. Part 3, 4 진행에 문제없습니다.

만들 것

테슬라 실적 발표 3일 전에 텔레그램으로 "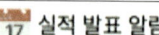 테슬라 실적 발표 D-3" 알림 받기

완성되면 이런 알림이 옵니다.

📅 실적 발표 알림!

TSLA

실적 발표 D-24

발표일:2026-01-27

실적 발표 전후로 주가 변동이 클 수 있습니다. 포지션을 점검하세요!

This message was sent automatically with    오후 3:50

필요한 것

- n8n 계정 ☑
- 텔레그램 봇 ☑
- Twelve Data API 키 (Grow 플랜) ⚠

Step 1: 새 워크플로우 만들기

n8n.cloud에 로그인합니다.

Overview 화면에서 오른쪽 상단의 **Create workflow** 버튼을 클릭
합니다.

빈 캔버스가 나타나면 **Add first step**…을 클릭해 첫 번째 노드를
추가합니다.

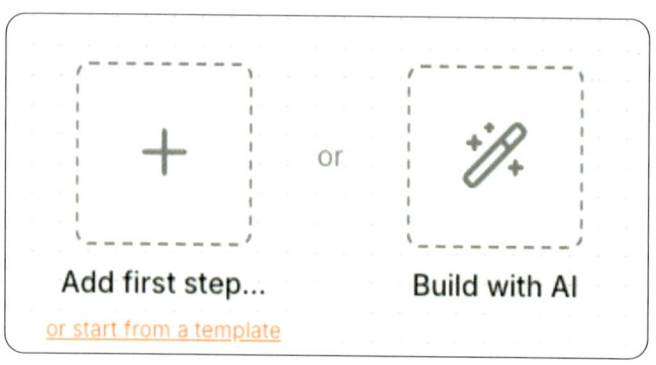

왼쪽 상단의 "My workflow"를 클릭해서 이름을 바꿔줍니다.

실적 캘린더봇 - 테슬라

Step 2: Schedule Trigger 추가

캔버스에서 "Add first step⋯" 클릭

검색창에 입력: Schedule Trigger

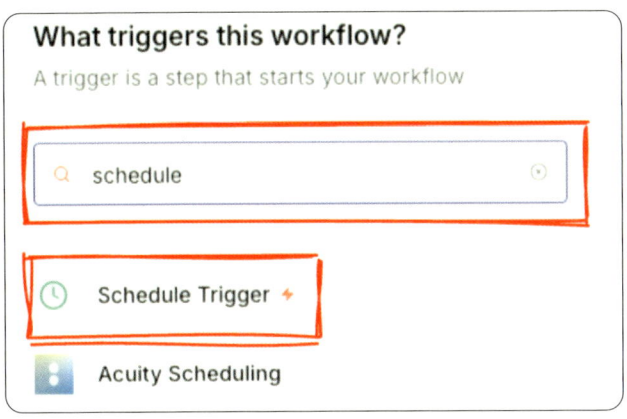

"Schedule Trigger"를 클릭해서 추가합니다.

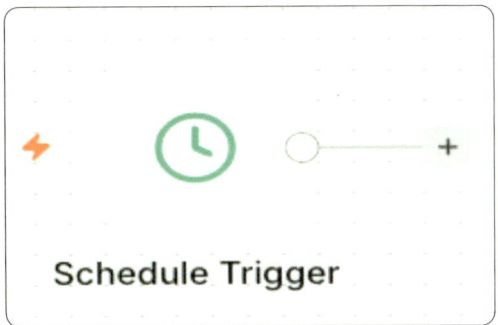

[설정]

- **Trigger Interval**: Custom (Cron)
- **Expression**: 0 8 * * *

💡 매일 오전 8시에 실행됩니다.

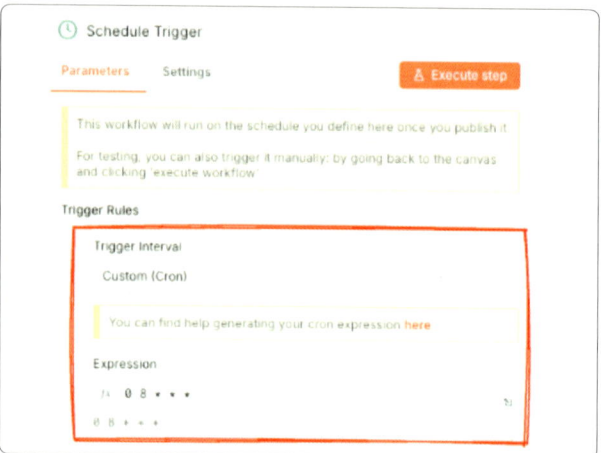

Step 3: HTTP Request 노드 추가 (실적 일정 가져오기)

Schedule Trigger 노드 오른쪽의 "**+**" 버튼을 클릭합니다.

검색창에 입력: HTTP Request

Twelve Data의 earnings 엔드포인트를 사용합니다.

[설정]

- **Method:** GET

- **URL:** https://api.twelvedata.com/earnings

- **Send Query Parameters:** 토글 켜기

Query Parameters에서 **Add Parameter**를 클릭해서 아래 항목들을 추가하세요:

Name	Value
symbol	TSLA
apikey	YOUR_TWELVEDATA_API_KEY (Part 1에서 발급받은 키)

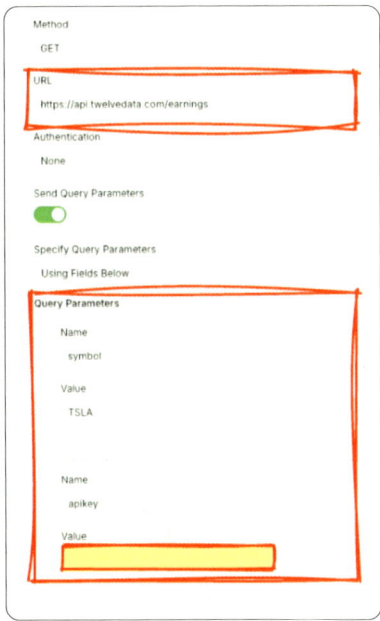

"Execute step" 버튼을 클릭해서 결과를 확인합니다.

오른쪽 OUTPUT 패널에 결과가 나타납니다.

- date: 실적 발표일

- time: 발표 시간 (After Hours = 장 마감 후)

- eps_estimate: 예상 EPS

- eps_actual: 실제 EPS (null이면 아직 발표 전)

date가 다음 실적 발표일입니다.

Step 4: Code 노드 추가 (D-day 계산)

⚠ 코드가 나왔다고 겁먹지 마세요!

이 책은 "코딩 없이"가 원칙이지만, 날짜 계산처럼 n8n 기본 노드로 안 되는 것들이 있습니다.

걱정 마세요. 아래 코드를 그대로 복사해서 붙여넣기만 하면 됩니다. 한 글자도 수정할 필요가 없습니다.

코드를 이해할 필요도 없습니다. 그냥 **"마법 주문"**이라고 생각하면 됩니다.

HTTP Request 오른쪽 "+" 클릭 → "Code" 검색 → 추가

Language: JavaScript

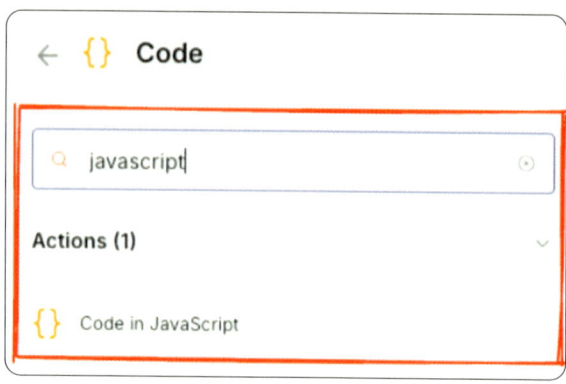

Code (그대로 복사합니다)

```javascript
const data = $input.first().json;

const today = new Date();

const futureEarnings = data.earnings

  .filter(item => item.eps_actual === null && new Date(item.date) > today)

  .sort((a, b) => new Date(a.date) - new Date(b.date))[0];

const earningsDate = new Date(futureEarnings.date);

const diffTime = earningsDate - today;

const diffDays = Math.ceil(diffTime / (1000 * 60 * 60 * 24));
```

return [{

json: {

symbol: data.meta.symbol,

earningsDate: futureEarnings.date,

daysUntil: diffDays

}

}];

```
Parameters     Settings                                    ⚠ Execute step

Mode
  Run Once for All Items

Language
  JavaScript

JavaScript

Code    ✦ Ask AI
 1   const data = $input.first().json;
 2   const today = new Date();
 3
 4   const futureEarnings = data.earnings
 5     .filter(item => item.eps_actual === null && new Date(item.date) >
     today)
 6     .sort((a, b) => new Date(a.date) - new Date(b.date))[0];
 7
 8   const earningsDate = new Date(futureEarnings.date);
 9   const diffTime = earningsDate - today;
10   const diffDays = Math.ceil(diffTime / (1000 * 60 * 60 * 24));
11
12   return [{
13     json: {
14       symbol: data.meta.symbol,
15       earningsDate: futureEarnings.date,
16       daysUntil: diffDays
17     }
18   }];
```

💡 다른 종목으로 바꾸고 싶다면?

HTTP Request 노드의 Query Parameter에서 **symbol** 값만 바꾸면 됩니다. (예: AAPL, NVDA) Code 노드는 수정할 필요 없습니다.

Step 5: IF 노드 추가 (D-3 체크)

HTTP Request 노드 오른쪽의 "**+**" 버튼을 클릭합니다.

검색창에 입력: IF

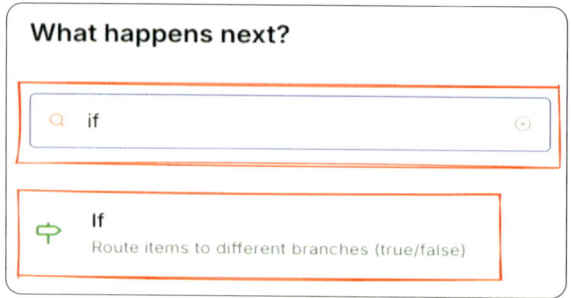

[설정]

- 왼쪽 INPUT 패널에서 **Code** 아래의 **daysUntil**을 오른쪽 Conditions 영역으로 **드래그&드롭**합니다.
- **Operation**: is equal (같음) 선택
- 아래 빈 칸에 입력: 3
- **Convert types where required**: 토글 켜기

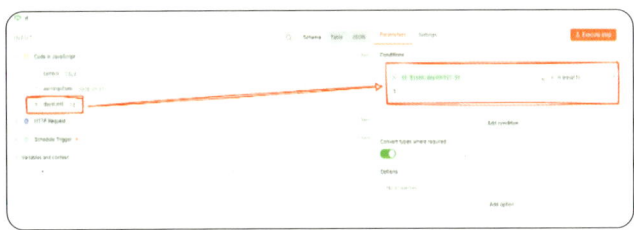

💡 **3일 남았을 때만 알림을 보냅니다.**

Step 6: Telegram 노드 추가

IF 노드의 "**true**" 오른쪽 "**+**" 버튼을 클릭합니다.

검색창에 입력: Telegram

"Telegram"을 선택하고, 액션에서 **Send a Text Message**를 선택합니다.

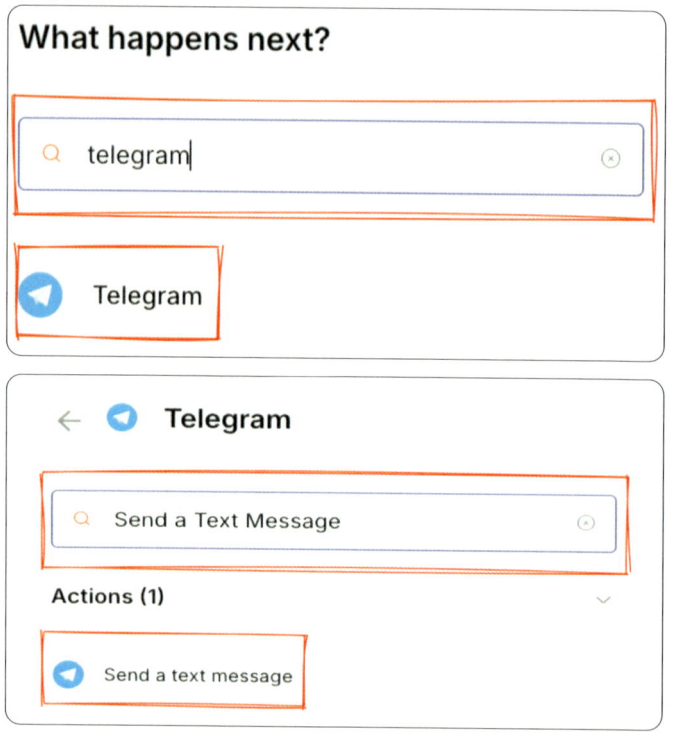

[설정]

- **Credential:** Part 1에서 만든 Telegram credential 선택
- **Chat ID:** 본인 Chat ID 입력
- **Text:** 오른쪽 상단의 Expression을 클릭해서 모드를 전환하세요

Expression 모드에서 아래 순서대로 작성합니다.

1) 먼저 텍스트 입력

📋 실적 발표 알림

2) 왼쪽 INPUT 패널에서 **symbol**을 드래그&드롭

3) 이어서 입력

실적 발표 D-

4) 왼쪽 INPUT 패널에서 **daysUntil**을 드래그&드롭

5) 이어서 입력

발표일:

6) 왼쪽 INPUT 패널에서 **earningsDate**를 드래그&드롭

7) 마지막으로 입력

실적 발표 전후로 주가 변동이 클 수 있습니다.

포지션을 점검합니다.

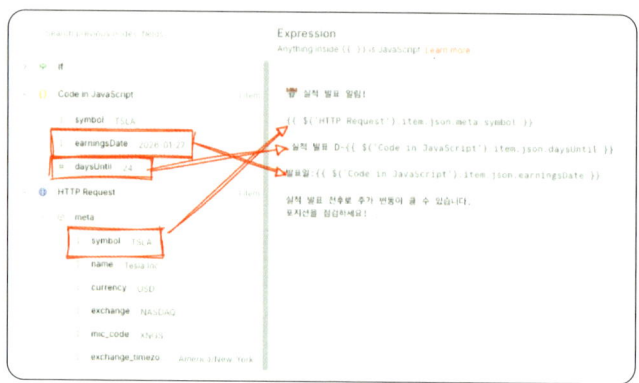

Step 7: 전체 연결 확인

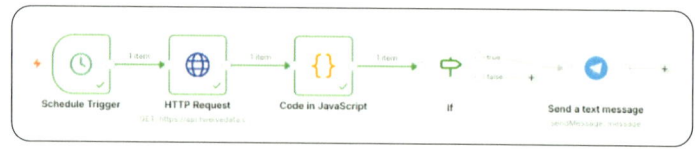

한번에 배우는 **n8n**으로 주식비서 만들기

Step 8: 테스트 및 활성화

테스트할 때는 IF 조건의 3을 실제 남은 일수로 바꿔보시기 바랍니다.

확인 후 Publish를 켭니다.

실적 발표 알림!

TSLA

실적 발표 D-24

발표일:2026-01-27

실적 발표 전후로 주가 변동이 클 수 있습니다.
포지션을 점검하세요!

This message was sent automatically with n8n   오후 3:50

🎉 실적 캘린더봇 완성

Q: earnings 배열이 비어있어요.

→ 해당 종목의 실적 발표 일정이 아직 공개 안 됐을 수 있습니다. 다른 종목으로 테스트해보시기 바랍니다.

Q: Code 노드에서 에러가 나요.

→ 코드를 정확히 복사했는지 확인합니다. 괄호, 세미콜론 하나만 빠져도 에러가 납니다.

Q: "You have reached the limit" 에러가 나요.

→ 무료 플랜으로는 earnings 데이터를 못 가져옵니다. Grow 플랜으로 업그레이드합니다.

[확장] D-1 알림도 추가하기

D-3뿐만 아니라 D-1 알림도 받고 싶다면?

방법: IF 노드를 하나 더 추가해서 daysUntil == 1 조건을 체크합니다.

또는 워크플로우를 복제해서 조건만 바꿔도 됩니다.

Part 3

AI가 대신 읽는
투자

AI 연결하기 (OpenAI API)

Part 2까지는 "데이터를 가져와서 조건을 체크"하는 자동화였습니다.

Part 3부터는 다릅니다. AI가 판단까지 해줍니다.

- 뉴스 10개를 읽고 핵심만 요약
- 실적 숫자를 보고 "좋은 건지 나쁜 건지" 해석
- 시장 분위기를 종합해서 "지금 사도 될까?" 의견 제시

이걸 하려면 AI의 두뇌가 필요합니다. 바로 OpenAI API입니다.

OpenAI API란?

ChatGPT를 만든 OpenAI에서 제공하는 API입니다.

우리가 ChatGPT 웹사이트에서 대화하는 것처럼, n8n에서도 AI한 테 질문하고 답을 받을 수 있습니다.

[차이점]

- ChatGPT 웹: 사람이 직접 질문
- OpenAI API: n8n이 자동으로 질문

비용 안내

OpenAI API는 사용한 만큼 비용이 발생합니다.

모델 등급	입력(Input) 비용	출력(Output) 비용	특징
GPT-5	$1.25 ~ $15.00	$10.00 ~ $60.00	최상위 추론, 복잡한 재무 분석용
GPT-5 Mini	$0.25 ~ $3.00	$2.00 ~ $12.00	성능과 비용의 균형 (추천)

💡 **실제로 얼마나 들까요?**

이 책의 프로젝트들을 매일 돌린다고 가정하면,

한 달 예상: $3~10입니다.

커피 한두 잔 값으로 AI 비서를 고용하는 셈입니다.

Step 1: OpenAI 계정 만들기

브라우저에서 접속합니다.

https://platform.openai.com

오른쪽 상단 "Sign up" 클릭 → 구글 계정으로 가입

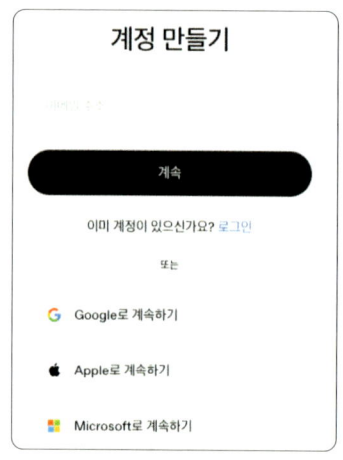

한번에 배우는 n8n으로 주식비서 만들기

Step 2: API Key 발급

로그인 후, 오른쪽 상단의 **프로필 아이콘**을 클릭합니다.

Your profile을 클릭합니다.

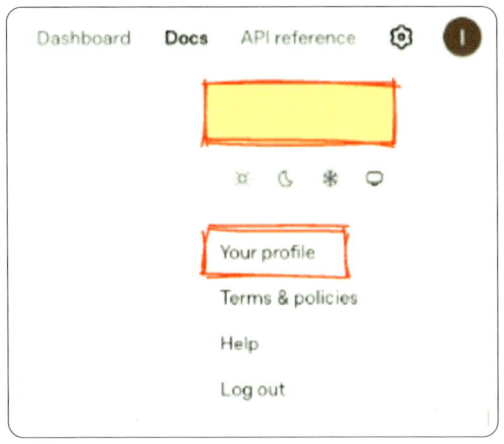

왼쪽 메뉴에서 **API keys**를 클릭합니다.

Create new secret key를 클릭합니다.

[설정]

- **Name**: 키 이름 입력 (예: n8n-stock-bot)
- **Project**: 사용할 프로젝트 선택

생성된 키가 표시됩니다.

sk-proj-xxxxxxxxxxxxxxxxxxxxx

⚠ 이 키는 한 번만 표시됩니다.

- 지금 바로 복사해서 안전한 곳에 저장합니다.
- 창을 닫으면 다시 볼 수 없습니다.

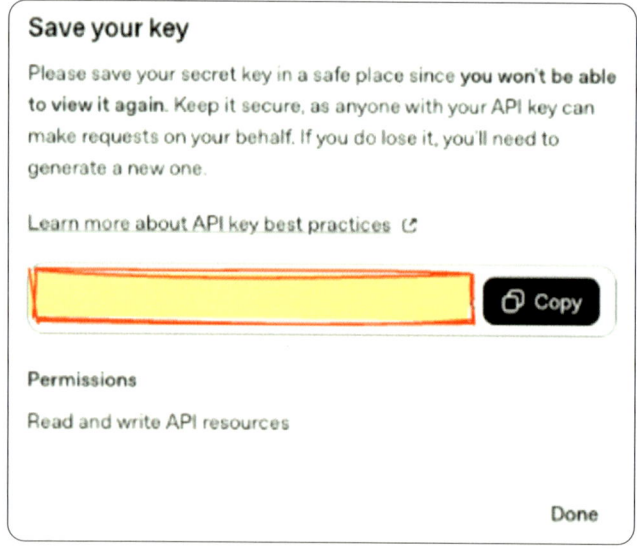

한번에 배우는 n8n으로 주식비서 만들기

💡 화면이 조금 다를 수 있습니다. OpenAI는 UI를 자주 업데이트 합니다. 메뉴 위치가 다르더라도 "API Keys"를 찾으면 됩니다.

Step 3: 결제 수단 등록

OpenAI API는 선불 충전 방식입니다.

왼쪽 메뉴 "Settings" → "Billing" → "Add payment method"

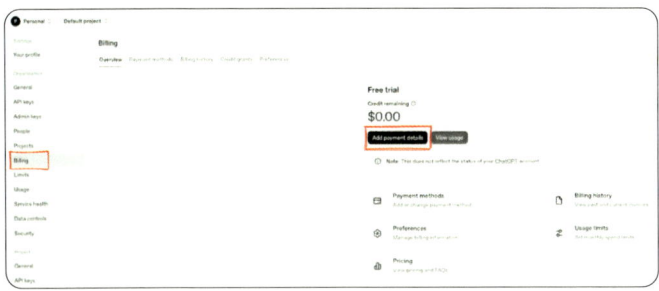

카드 정보 입력 후, "**Add credit**"에서 $10 정도 충전합니다.

💡 처음엔 $10만 충전하고 써보시기를 추천합니다. 부족하면 나중에 더 충전하면 됩니다.

Step 4: n8n에 OpenAI 연결하기

n8n.cloud에 로그인합니다.

왼쪽 메뉴에서 **Overview**를 클릭한 후, Credentials 탭을 클릭합니다.

오른쪽 상단의 Add Credential을 클릭합니다.

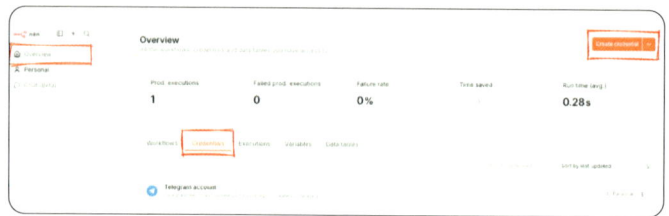

검색창에 "OpenAI" 입력 → 선택

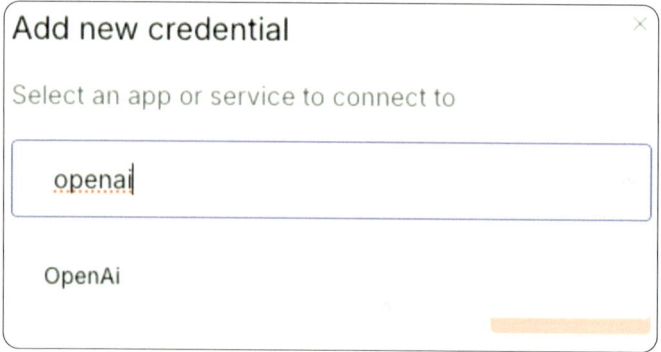

[설정]

- **API Key**: 방금 발급받은 키 붙여넣기

"Save" 클릭.

🎉 AI 연결 완료

💡 **문제가 생겼나요?**

Q: "You exceeded your current quota" 에러가 나요.

→ 크레딧이 부족합니다. Billing에서 충전하시기 바랍니다.

Q: "Invalid API key" 에러가 나요.

→ API 키를 정확히 복사했는지 확인합니다. 앞뒤 공백이 들어가면 안 됩니다.

☑ **체크리스트**

지금까지 저장해둬야 할 것

- [ ] 텔레그램 봇 토큰 (Part 1)
- [ ] 텔레그램 Chat ID (Part 1)
- [ ] Twelve Data API Key (Part 1)
- [ ] OpenAI API Key ← 새로 추가

네 개 다 준비되셨나요? 이제 AI 프로젝트를 만들어보겠습니다.

[프로젝트4] 뉴스 브리핑봇

매일 뉴스 읽을 시간 없으시죠?

"테슬라 관련 뉴스 뭐 있지?"

매일 아침 뉴스를 검색하고, 기사를 열어보고, 중요한 내용을 파악하고….

솔직히 바쁜 직장인한테 이건 사치 같기도 합니다.

뉴스 브리핑봇은 이 일을 대신합니다.

1. 관심 종목 뉴스를 자동으로 수집

2. AI가 핵심만 요약

3. 매일 아침 텔레그램으로 발송

출근길에 30초만 읽으면 됩니다.

만들 것

매일 아침 8시, 테슬라 관련 뉴스를 AI가 요약해서 텔레그램으로 보내기

완성되면 이런 알림이 옵니다.

🏛 TSLA 뉴스 브리핑

다음은 테슬라 관련 뉴스의 요약입니다:

1. GM 비용 증가: GM은 전기차 판매 부진과 정부 세금 혜택 축소로 약 60억 달러의 비용을 기록할 예정입니다.

2. 테슬라 주식 상승: 주가가 일주일 동안 0.5% 하락했지만 금요일 거래에서 반등했습니다.

3. 로보택시 경쟁: 테슬라가 자율주행차 경쟁에서 Waymo 등에 비해 뒤처지고 있다는 분석이 나왔습니다.

4. 중국 전기차 시장: 중국 내 현지 브랜드가 승용차 시장에서 강세를 보이며 외국 자동차 제조사를 압박하고 있습니다.

5. 테슬라의 실적 및 전망: 테슬라의 지난해 전체 판매가 8% 하락했고, 중국의 BYD가 전기차 판매 1위를 차지했습니다.

6. 자율주행 차량: Nvidia와 여러 자동차 부품 공급업체가 AI와 협력해 자율주행 기술을 혁신하고자 파트너십을 구축하고 있습니다.

7. 전기차 충전 혁신: 무선 충전 기술 개발이 지속 가능 도시 모빌리티에 기여하고 있습니다.

8. 테슬라의 AI 투자: 테슬라가 AI 하드웨어에 대한 투자를 강조했으며, Nvidia로부터 100억 달러 이상을 지출할 계획입니다.

9. 경쟁 심화: 테슬라가 Nvidia 등과의 경쟁 심화 속에서 자율주행 기술 개발에 집중하고 있습니다.

10. 지속적인 관점: 테슬라의 자율주행 택시 서비스가 비용이 많이 들고 상품화될 가능성이 높다는 우려가 제기되고 있습니다.

필요한 것

- n8n 계정 ☑
- 텔레그램 봇 ☑
- OpenAI API 키 ☑ (3-1에서 완료)
- Finnhub API 키 ⚠ (이번에 발급)

Step 1: Finnhub API 발급

Finnhub은 금융 전문 데이터 API입니다. 주식 관련 뉴스만 모아서
제공합니다.

브라우저에서 접속.
https://finnhub.io

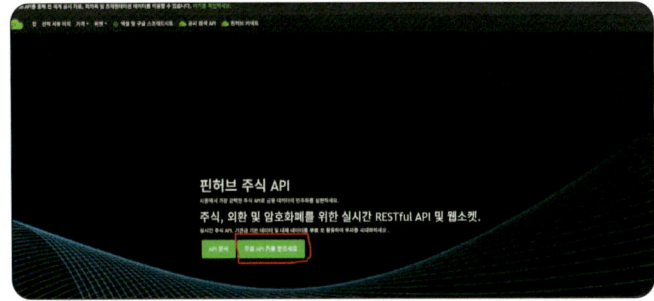

중앙에 위치한 "Get free API key" 클릭 → 가입

가입 완료 후 Dashboard에서 API 키가 표시됩니다. 복사해서 저장
합니다.

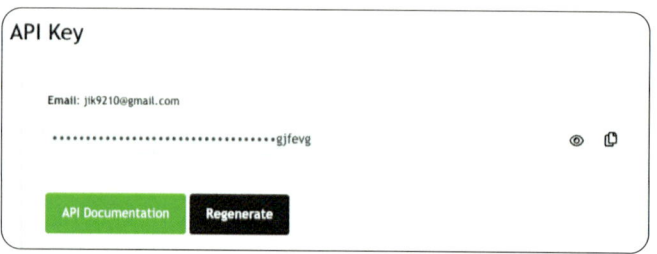

💡 왜 Finnhub인가요?

- 금융 뉴스 전문 → 투자 관련성 높은 뉴스만
- 티커(TSLA)로 검색 → Part 2와 동일한 방식

- 무료 제한 넉넉 (분당 60회)

Step 2: 새 워크플로우 만들기

n8n.cloud에 로그인합니다.

Overview 화면에서 오른쪽 상단의 **Create workflow** 버튼을 클릭합니다.

빈 캔버스가 나타나면 **Add first step**…을 클릭해 첫 번째 노드를 추가합니다.

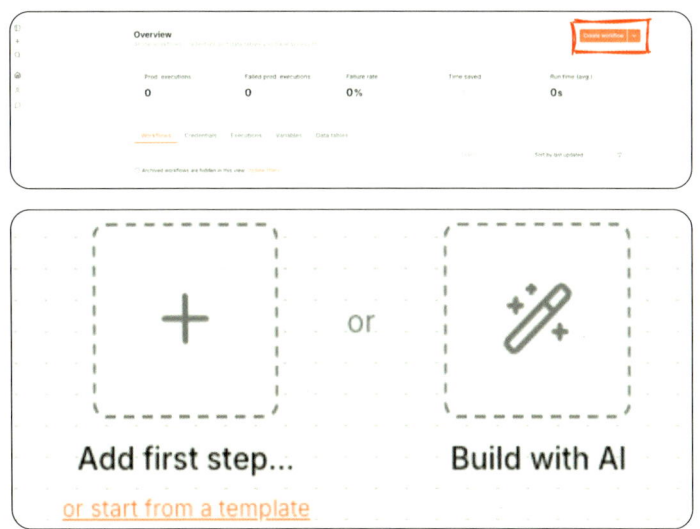

왼쪽 상단의 "**My workflow**"를 클릭해서 이름을 바꿔줍니다.

뉴스 브리핑봇 - 테슬라

Step 3: Schedule Trigger 추가

캔버스에서 "**Add first step…**" 클릭

검색창에 입력: Schedule Trigger

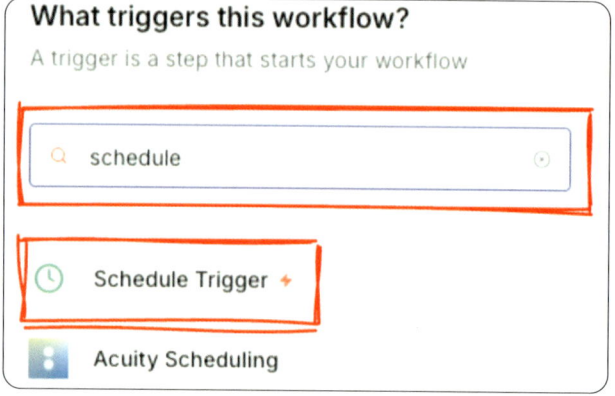

"Schedule Trigger"를 클릭해서 추가합니다.

[설정]

- **Trigger Interval**: Custom (Cron)
- **Expression**: 0 8 * * *

💡 매일 오전 8시에 실행됩니다.

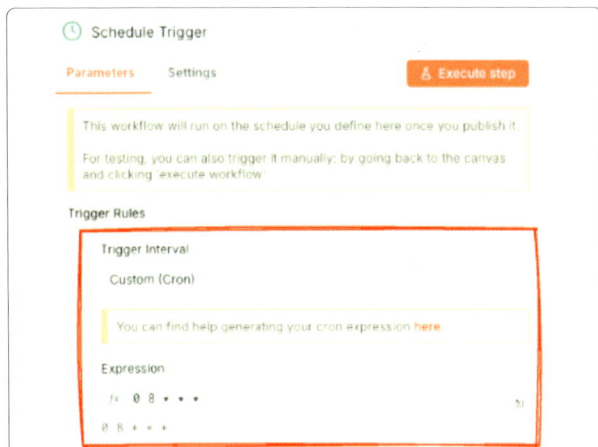

Step 4: HTTP Request 노드 추가 (뉴스 가져오기)

Schedule Trigger 노드 오른쪽의 "+" 버튼 클릭

검색창에 입력: HTTP Request

[설정]

- **Method**: GET
- **URL**: https://finnhub.io/api/v1/company-news
- **Send Query Parameters**: 토글 켜기

Query Parameters에서 Add Parameter를 클릭해서 아래 항목을 추가합니다.

Name	Value
symbol	TSLA
from	(아래 Expression 설정 참고)
to	(아래 Expression 설정 참고)
token	YOUR_FINNHUB_API_KEY

from 값 설정 (어제 날짜)

1. from의 Value 입력창 오른쪽 Expression 버튼 클릭

2. 아래 내용 입력:

{{ $now.minus(1, 'day').format('yyyy-MM-dd') }}

to 값 설정 (오늘 날짜)

1. to의 Value 입력창 오른쪽 Expression 버튼 클릭

2. 아래 내용 입력:

{{ $now.format('yyyy-MM-dd') }}

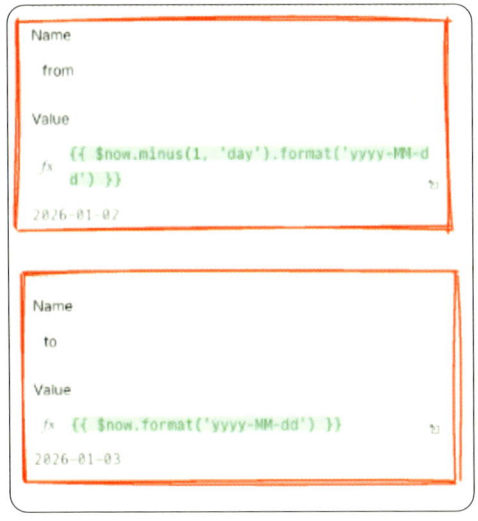

- $now: 현재 시간

- .minus(1, 'day'): 하루 전

- .format('yyyy-MM-dd'): 2026-01-03 형식으로 변환

매일 실행될 때마다 자동으로 어제~오늘 날짜가 들어갑니다.

Step 5: 테스트 – 뉴스 잘 가져오는지 확인

HTTP Request 노드를 클릭하고 "**Execute step**" 버튼을 누릅니다.

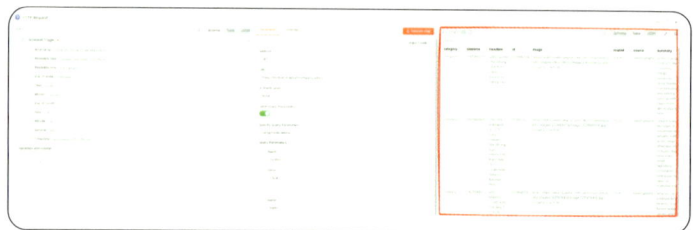

💡 headline(제목)과 summary(요약)가 바로 나옵니다. AI한테 보내기 딱 좋습니다.

💡 뉴스가 안 나오나요? 주말이나 휴일에는 뉴스가 적을 수 있습니다. from 날짜를 며칠 전으로 바꿔서 테스트해보시기 바랍니다.

Step 6: Aggregate 노드 추가 (뉴스 묶기)

HTTP Request 노드 오른쪽의 "**+**" 버튼을 클릭합니다.

검색창에 입력: Aggregate

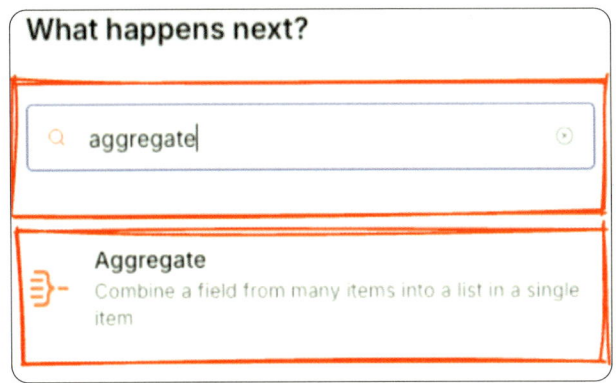

[설정]

- **Aggregate**: All Item Data (Into a Single List)
- **Put Output in Field**: data
- **Include**: All Fields

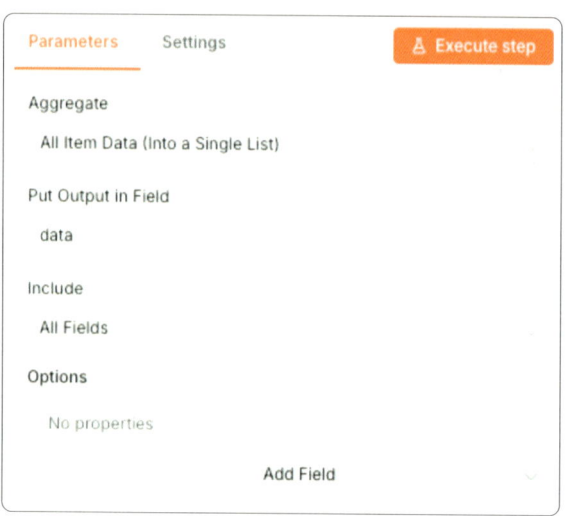

💡 **왜 필요한가요?**

HTTP Request에서 뉴스가 20개, 30개 따로따로 옵니다. 이대로 두면 OpenAI가 20번, Telegram도 20번 실행됩니다. Aggregate 노드가 이걸 1개로 묶어줍니다.

Step 7: OpenAI 노드 추가 (AI 요약)

HTTP Request 노드 오른쪽의 "+" 버튼 클릭

검색창에 입력: OpenAI

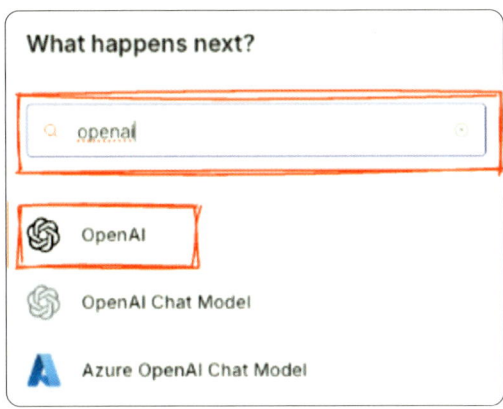

"Message a Model" 선택

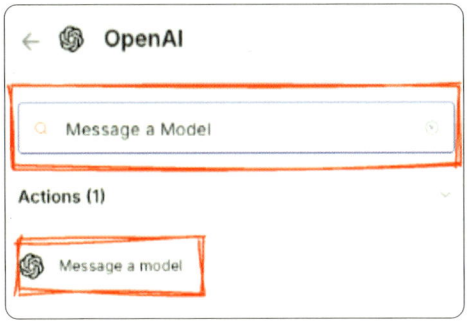

[설정]

- **Credential**: 3-1에서 만든 OpenAI credential 선택
- **Resource**: Message a Model
- **Model**: gpt-5

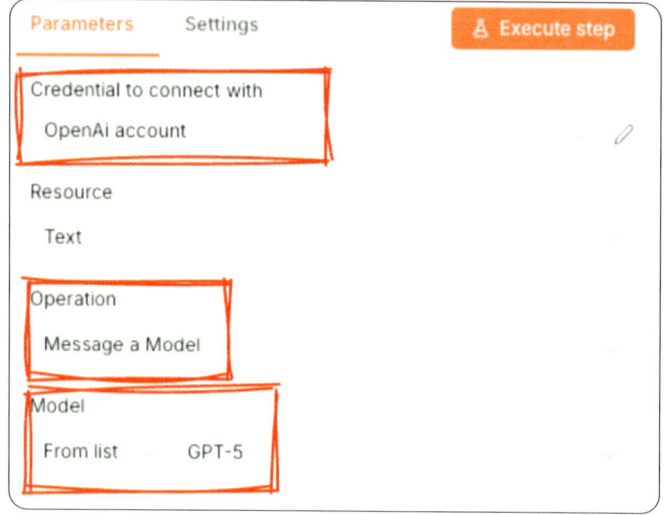

한번에 배우는 **n8n**으로 주식비서 만들기

Step 8: AI 프롬프트 설정 – System Message

OpenAI 노드에서 Messages 섹션을 설정합니다.

1. **Role**: System 선택
2. **Prompt**: 아래 텍스트 입력

당신은 주식 투자 뉴스 분석가입니다.

JSON 형식의 뉴스 데이터를 받게 됩니다.

각 뉴스의 headline과 summary를 읽고 핵심만 간결하게 요약해주세요.

각 뉴스에 대해 투자자 관점에서 긍정/부정/중립 판단도 해주세요.

마지막에 "오늘의 한 줄" 총평을 덧붙여줍니다.

한국어로 답변하세요.

💡 Role이 뭔가요?

AI에게 메시지를 보낼 때는 역할(Role)을 지정합니다:

- **System:** AI의 성격과 행동 규칙을 정의. "너는 ~한 전문가야"처럼 역할을 부여
- **User:** 실제 요청 내용: "이 뉴스를 분석해줘"처럼 작업 지시
- **Assistant:** AI의 응답 (보통 직접 설정하지 않음)

💡 **프롬프트(Prompt)란?**

AI에게 보내는 지시문입니다. 프롬프트를 어떻게 작성하느냐에 따라 AI 응답의 품질이 달라집니다. 구체적이고 명확할수록 좋은 결과를 얻을 수 있습니다.

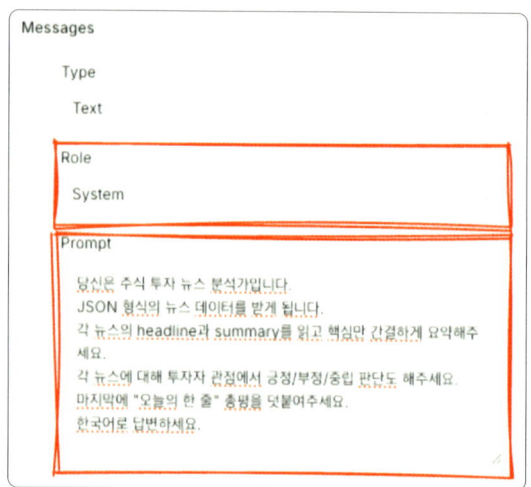

한번에 배우는 n8n으로 주식비서 만들기

Step 9: AI 프롬프트 설정 - User Message (드래그앤드롭)

Add message 버튼을 다시 클릭

1. **Role**: User 선택
2. **Prompt**: 오른쪽 상단의 Expression 클릭해서 모드 전환

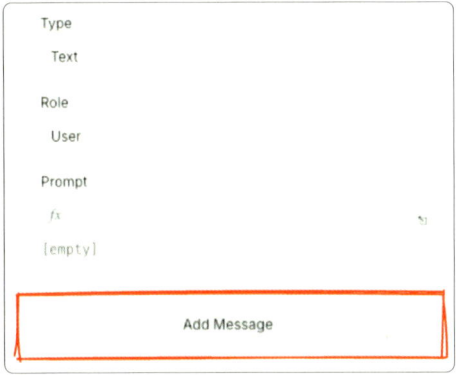

Expression 모드에서 작성해줍니다.

다음은 오늘의 테슬라(TSLA) 관련 뉴스입니다:

{{ $json.data.map(item => `headline:

${item.headline}\nsummary:

${item.summary}`).join('\n\n') }} 위 뉴스들을 분석해주세요.

다음은 오늘의 테슬라(TSLA) 관련 뉴스입니다:

```
{{ $json.data.map(item =>
`headline:
${item.headline}\nsummary:
${item.summary}`).join('\n\n') }}
```

위 뉴스들을 한글로 분석해주세요.

Step 10: 테스트 - AI 응답 확인

OpenAI 노드에서 "Execute step" 클릭

한번에 배우는 **n8n**으로 주식비서 만들기

OUTPUT 패널에 AI 응답이 나타납니다.

Step 11: Telegram 노드 추가 (알림 보내기)

OpenAI 노드 오른쪽의 "**+**" 버튼 클릭

검색창에 입력: Telegram

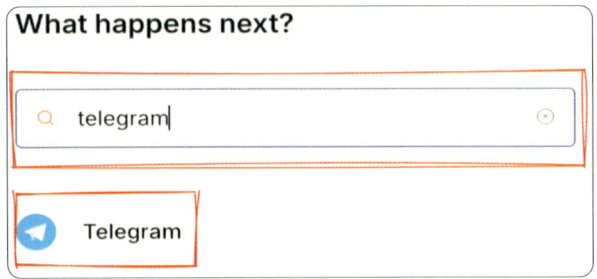

"**Send a Text Message**" 선택

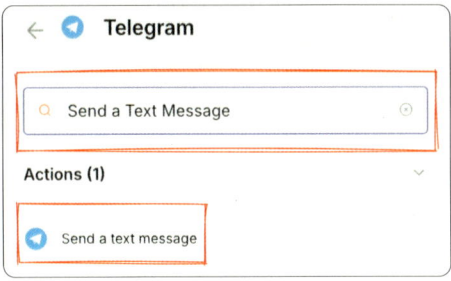

[설정]

- **Credential**: Part 1에서 만든 Telegram credential 선택
- **Chat ID**: 본인 Chat ID 입력
- **Text**: 오른쪽 상단 Expression 클릭

Expression 모드에서 작성해줍니다.

📋 TSLA 뉴스 브리핑

{{ $('Message a model').first().json.output[0].content[0].text }}

```
🖼️ TSLA 뉴스 브리핑
{{ $('Message a
model').first().json.output[0].content[0].text }}
```

💡 content의 text는 AI의 답변입니다.

Step 12: 전체 연결 확인

캔버스를 보면 다음과 같이 되어 있어야 합니다.

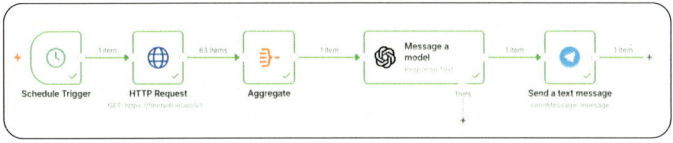

Step 13: 테스트 및 활성화

"Executing Workflow" 클릭 → 텔레그램 확인

성공했으면 오른쪽 상단 "Publish" 클릭

🎉 뉴스 브리핑봇 완성

이제 매일 아침 8시, AI가 정리한 뉴스 브리핑을 받습니다.

💡 다른 종목으로 바꾸기

종목	티커
테슬라	TSLA
애플	AAPL
엔비디아	NVDA
마이크로소프트	MSFT
아마존	AMZN
구글	GOOGL
메타	META

HTTP Request 노드의 symbol 값만 바꾸면 됩니다.

💡 문제가 생겼나요?

Q: 뉴스가 안 가저와저요.

→ Finnhub API 키가 정확한지 확인합니다. from/to 날짜가 올바른지도 체크합니다.

Q: AI 응답이 영어로 와요.

→ System Message에 "한국어로 답변하세요"가 있는지 확인합니다.

Q: 응답이 너무 길어요.

→ System Message에 "200자 이내로 요약하세요"를 추가합니다.

Q: 뉴스가 너무 적어요.

→ from 날짜를 더 과거로 설정합니다. .minus(3, 'day')로 바꾸면 3일치 뉴스를 가져옵니다.

☑ 체크리스트 업데이트

- [ ] 텔레그램 봇 토큰 (Part 1)
- [ ] 텔레그램 Chat ID (Part 1)
- [ ] Twelve Data API Key (Part 1)
- [ ] OpenAI API Key (Part 3)
- [ ] Finnhub API Key ← 새로 추가

[확장] 뉴스 센티먼트 점수 받기

뉴스가 긍정적인지 부정적인지 점수로 받고 싶다면?

도전 과제: Step 7의 System Message에 아래 내용을 추가해보시기 바랍니다.

각 뉴스를 분석한 후, 마지막에 전체 센티먼트 점수를 0~100 사이 숫자로 알려줍니다.
- 70 이상: 긍정적

- 40~70: 중립

- 40 미만: 부정적

이렇게 하면 AI가 뉴스를 읽고 직접 점수를 매겨줍니다.
예시 응답은 다음과 같습니다.

🏛️ **TSLA 뉴스 브리핑**

1. GM 관련 뉴스: GM은 전기차 판매 부진과 세금 인센티브 감소로 약 60억 달러의 비용이 발생할 것으로 예상됩니다.

2. 테슬라 주식 동향: 테슬라 주식이 금요일 소폭 상승했지만 여전히 연초 대비 하락세입니다.

3. 중국 전기차 시장: 중국의 전기차 시장에서 현지 브랜드가 시장의 3분의 2를 차지하고 있어 외국 자동차 제조사들은 어려움을 겪고 있습니다.

4. 자동차 자율주행 기술: Nvidia와 다른 기술 공급 업체들은 자율주행 기술 개발에 박차를 가하고 있으며 AI와 파트너십으로 새로운 진전을 기대하고 있습니다.

5. 테슬라의 경쟁: 테슬라는 BYD에 의해 세계 최대 전기차 판매 회사의 위치를 잃었습니다.

6. 테슬라의 과대평가 우려: 테슬라의 주가는 기술적 진전에 대한 기대감이 가격에 과대 반영되었다고 평가됩니다.

7. 자율주행 경쟁: 테슬라는 Nvidia, Waymo 등과 자율주행 경쟁을 벌이고 있습니다.

8. 테슬라 수익 및 주식 동향: 테슬라의 주식은 최근 거래에서 상승했으나 성장 동력에 대한 의문이 제기됩니다.

9. 머스크의 자질한 전략: 머스크의 대응 부족으로 인해 민주당은 전략적 실수라는 비판을 받고 있습니다.

10. 테슬라의 제품과 목표: 테슬라의 로드스터는 성능 중시로 안전이 주 목표가 아님을 밝혔습니다.

11. 로봇 택시 경쟁: Waymo와의 경쟁에서 테슬라는 자율주행 부문에서 따라잡기 위해 노력 중입니다.

전체 뉴스에 대한 종합 센티먼트 점수는 55(중립)입니다.

[프로젝트5] 실적 분석봇

"이번 실적 좋은 거야?"

실적 발표가 났습니다.

EPS: $0.85 (예상 $0.76)

매출: $25.2B (예상 $24.8B)

이게 좋은 건가요, 나쁜 건가요?

숫자만 봐서는 모르겠죠. 전문가가 해석해줘야 합니다.

실적 분석봇은 AI가 그 역할을 합니다.

- 실적 숫자를 가져오고

- 예상치와 비교하고

- "좋은 실적인지, 나쁜 실적인지" 판단

💡 Part 2 실적 캘린더봇과 연결됩니다

- Part 2: "실적 발표가 언제야?" → D-3 알림

- Part 3: "발표된 실적이 좋아?" → AI 분석

만들 것

실적 발표 후, AI가 실적을 분석해서 텔레그램으로 보내기

완성되면 이런 알림이 옵니다.

📊 TSLA 실적 분석

발표일: 2025-12-17
EPS 예상: $-0.36
EPS 실제: $0.1
서프라이즈: -127.78%

💡 AI 분석:
테슬라의 EPS가 예상을 크게 상회하며 $0.1을 기록했습니다. 시장 기대치 대비 긍정적이며, 투자 심리에 긍정적인 영향을 줄 수 있습니다. 다만, 거시 경제 및 전기차 시장의 경쟁 상황에 주의해야 합니다. 단기 투자 의견은 긍정적입니다.

오전 12:50

⚠ 이 프로젝트는 Twelve Data Grow 플랜이 필요합니다

Part 2 실적 캘린더봇에서 이미 구독했다면 추가 비용이 없습니다.

필요한 것

- n8n 계정 ☑
- 텔레그램 봇 ☑
- OpenAI API 키 ☑
- Twelve Data API 키 (Grow 플랜) ⚠

Step 1: 새 워크플로우 만들기

n8n.cloud에 로그인합니다.

Overview 화면에서 오른쪽 상단의 **Create workflow** 버튼을 클릭합니다.

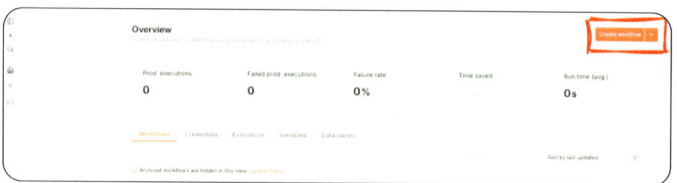

왼쪽 상단의 "**My workflow**"를 클릭해서 이름을 바꿔줍니다.

실적 분석봇 - 테슬라

Step 2: Schedule Trigger 추가

빈 캔버스가 나타나면 **Add first step…**을 클릭해 첫 번째 노드를 추가합니다.

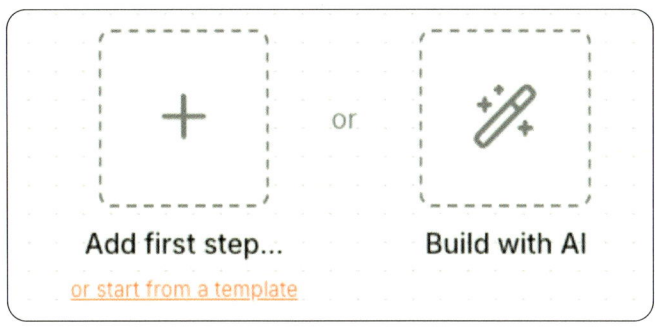

검색창에 입력: Schedule Trigger

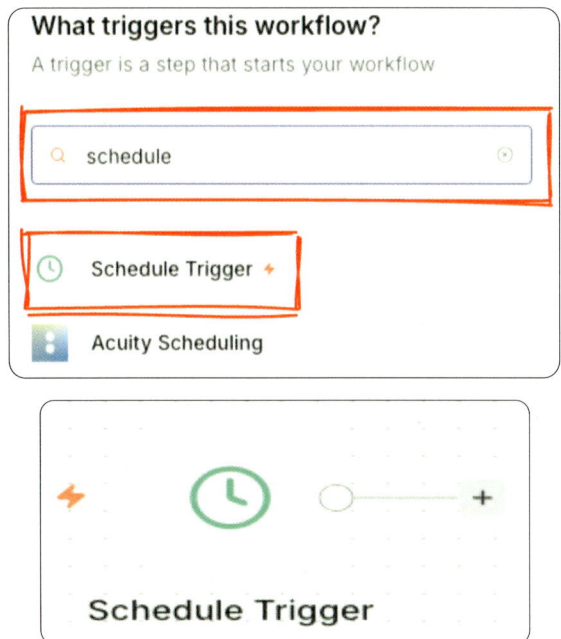

먼저 "얼마나 자주 주가를 확인할지" 설정합니다.

[설정]

- **Trigger Interval**: Custom (Cron)
- **Expression**: 0 10 * * *

💡 매일 오전 10시에 체크합니다. 미국 장 마감 후(한국 시간 아침) 실
적이 업데이트되기 때문입니다.

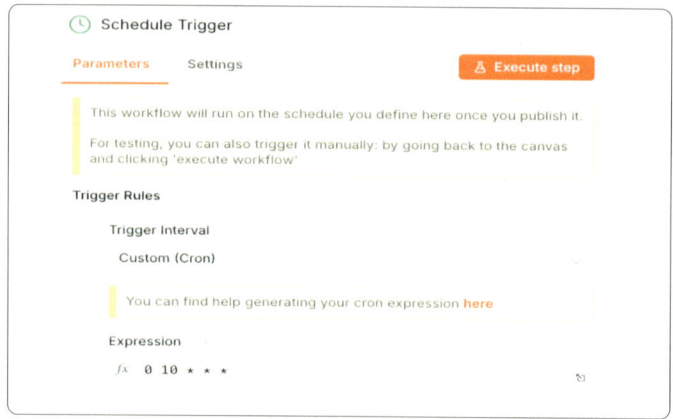

한번에 배우는 n8n으로 주식비서 만들기

Step 3: HTTP Request 노드 추가 (실적 데이터 가져오기)

Schedule Trigger 노드 오른쪽의 "+" 버튼을 클릭합니다.

검색창에 입력: HTTP Request

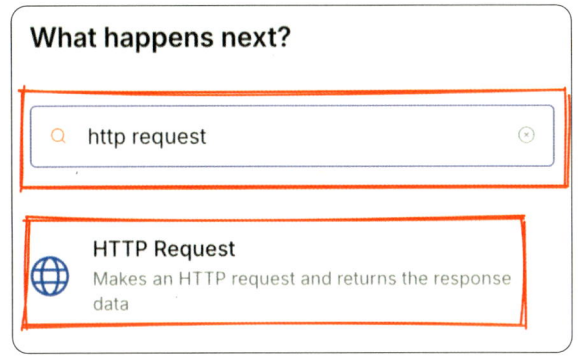

[설정]

- **Method**: GET

- **URL**: https://api.twelvedata.com/earnings

- **Send Query Parameters**: 토글 켜기

Name	Value
symbol	TSLA
apikey	YOUR_API_KEY (Part 1에서 발급받은 키)

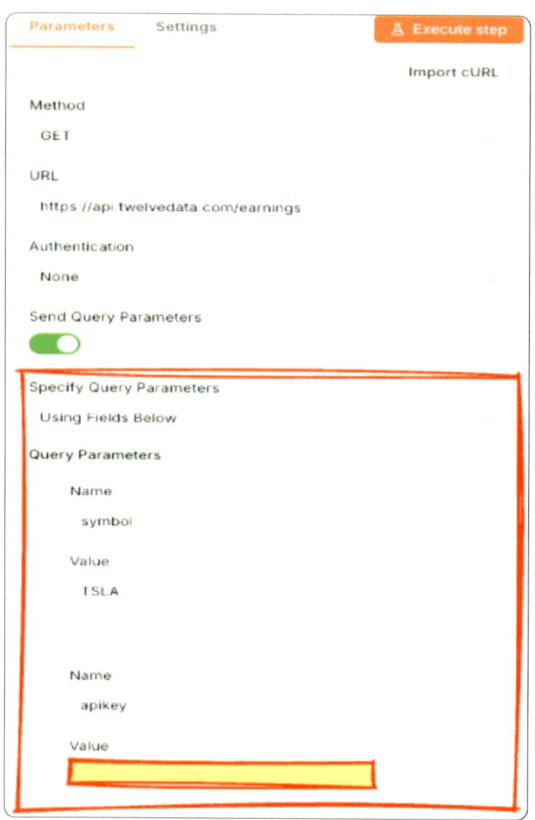

한번에 배우는 n8n으로 주식비서 만들기

Step 4: 테스트 – 실적 데이터 확인

HTTP Request 노드를 클릭하고 **"Execute step"** 버튼을 누릅니다.
OUTPUT 패널에 결과가 나타납니다.

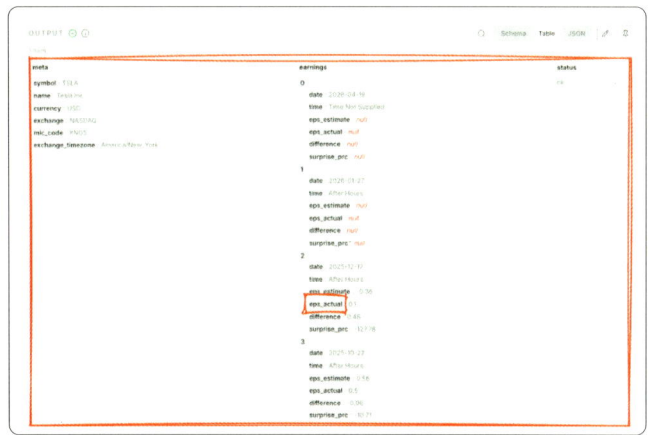

💡 earnings 아래 "0", "1"이 뭔가요?

earnings는 여러 분기 실적 일정을 담고 있습니다.

- **eps_actual이 null:** 아직 발표 안 된 미래 실적
- **eps_actual에 값이 있음:** 이미 발표된 과거 실적

[예시]

- 0: 2026-04-19 (eps_actual: null) → 미래 실적
- 1: 2026-01-27 (eps_actual: null) → 미래 실적
- 2: 2025-12-17 (eps_actual: 0.1) → 발표 완료
- 3: 2025-10-22 (eps_actual: 0.5) → 발표 완료

우리 Code 노드는 **eps_actual이 null이면서 가장 가까운 날짜**를 자동으로 찾아줍니다.

Step 5: Code 노드 추가 (최신 발표 실적 찾기)

⚠ 코드가 나왔다고 겁먹지 마세요!

earnings 배열에서 0번이 항상 최신 발표 실적이 아닙니다. 그래서 Code 노드로 "eps_actual이 있는 것 중 가장 최근 날짜"를 찾아야 합니다.

걱정 마세요. 아래 코드를 그대로 복사해서 붙여넣기만 하면 됩니다.

HTTP Request 노드 오른쪽의 "+" 버튼을 클릭합니다.

검색창에 입력: Code

[설정]

- **Language**: JavaScript

- **Code**: 아래 코드를 그대로 복사해서 붙여넣습니다.

```
const data = $input.first().json;

const latestEarnings = data.earnings

.filter(item => item.eps_actual !== null && item.eps_actual !== unde-
fined) .sort((a, b) => new Date(b.date) - new Date(a.date))[0];

return [{

json: {

symbol: data.meta.symbol,

date: latestEarnings.date,

eps_estimate: latestEarnings.eps_estimate,

eps_actual: latestEarnings.eps_actual,

difference: latestEarnings.difference,

surprise_prc: latestEarnings.surprise_prc

}

}];
```

☀ 이 코드가 하는 일

- eps_actual이 있는 항목만 필터링 (발표된 실적만)
- 날짜순으로 정렬해서 가장 최근 것 선택

☀ 다른 종목으로 바꾸고 싶다면?

HTTP Request 노드의 Query Parameter에서 symbol 값만 바꾸면 됩니다. Code 노드는 수정할 필요 없습니다.

Step 6: OpenAI 노드 추가 (AI 분석)

Code 노드 오른쪽의 "+" 버튼 클릭

검색창에 입력: OpenAI

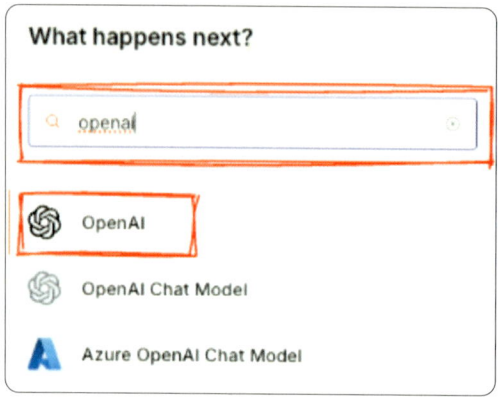

"Message a Model" 선택

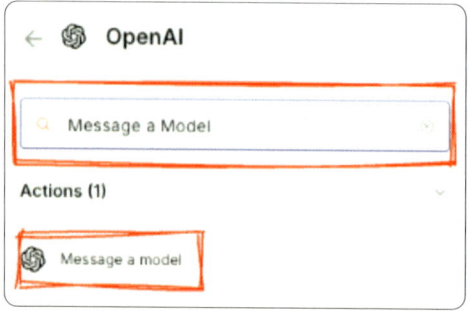

한번에 배우는 n8n으로 주식비서 만들기

[설정]

- **Credential**: 3-1에서 만든 OpenAI credential 선택
- **Resource**: Message a Model
- **Model**: gpt-5

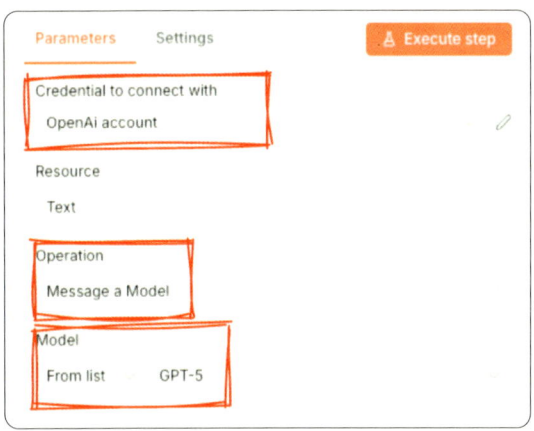

Step 7: AI 프롬프트 설정 – System Message

- -

OpenAI 노드에서 Messages 섹션을 설정합니다.

1. **Role**: System 선택
2. **Prompt**: 아래 텍스트 입력

당신은 주식 애널리스트입니다.

실적 데이터를 보고 투자자에게 의미를 설명해줍니다.

숫자의 의미, 시장에 미치는 영향, 주의할 점을 포함하세요.

마지막에 단기 투자 의견(긍정적/중립/부정적)을 제시하세요.

한국어로 150자 이내로 답변하세요.

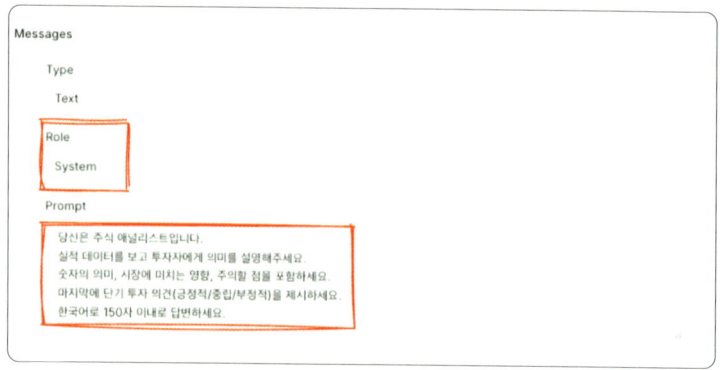

Step 8: AI 프롬프트 설정 – User Message (드래그앤드롭)

Add message 클릭

1. **Role**: User 선택

2. **Prompt**: 오른쪽 상단의 Expression 클릭해서 모드 전환

한번에 배우는 **n8n**으로 주식비서 만들기

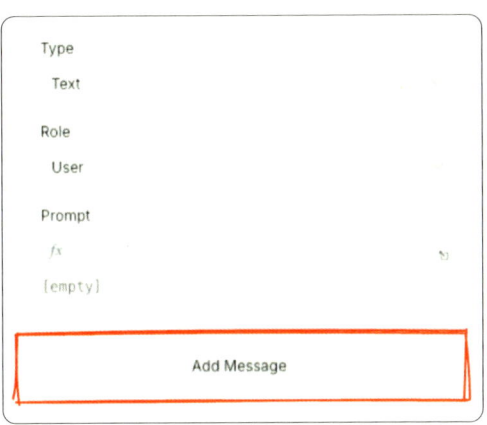

Expression 모드에서 작성

1) 텍스트 입력:

테슬라(TSLA) 실적이 발표됐습니다.

발표일:

2) 왼쪽 INPUT 패널에서 **Code** 아래의 **date**를 드래그&드롭

3) 이어서 입력:

EPS 예상: $

4) 왼쪽 INPUT 패널에서 **eps_estimate**를 드래그&드롭

5) 이어서 입력:

　EPS 실제: $

6) 왼쪽 INPUT 패널에서 **eps_actual**를 드래그&드롭

7) 이어서 입력

이 실적을 분석해줍니다.

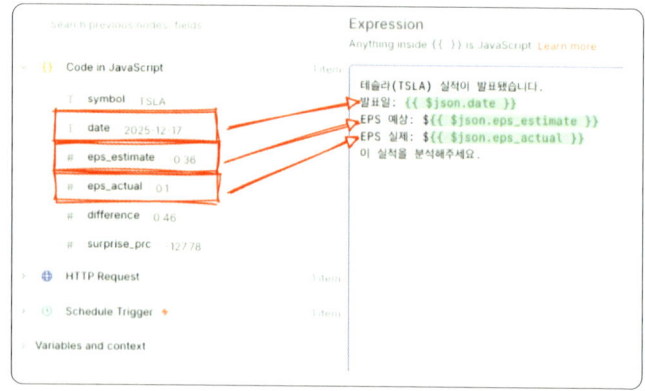

Step 10: Telegram 노드 추가

Step 11: Telegram 노드 추가 (알림 보내기)

OpenAI 노드 오른쪽의 "+" 버튼 클릭

검색창에 입력: Telegram

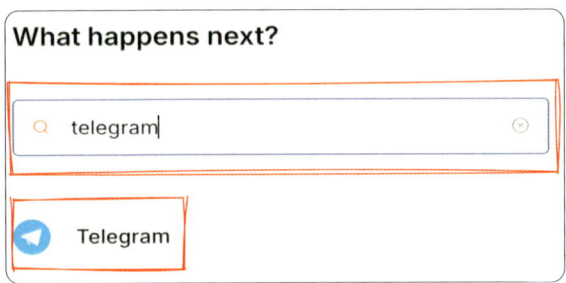

"Send a Text Message" 선택

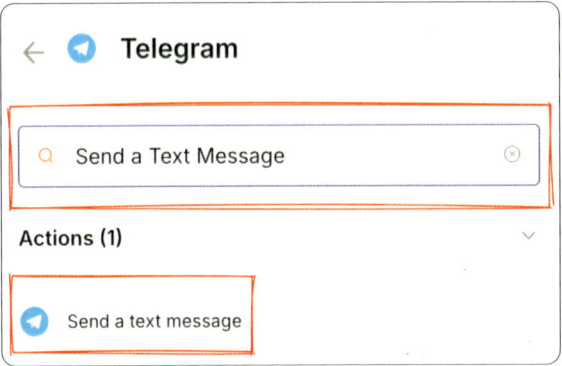

[설정]

1. **Credential**: Part 1에서 만든 Telegram credential 선택

2. **Chat ID**: 본인 Chat ID 입력

3. **Text**: 오른쪽 상단 Expression 클릭

Expression 모드에서 작성해 줍니다.

🖼 {{ $('Code in JavaScript').first().json.symbol }} 실적 분석

발표일: {{ $('Code in JavaScript').first().json.date }}

EPS 예상: ${{ $('Code in JavaScript').first().json.eps_estimate }}

EPS 실제: ${{ $('Code in JavaScript').first().json.eps_actual }}

서프라이즈: {{ $('Code in JavaScript').first().json.surprise_prc }}%

💡 AI 분석

{{ $('Message a model').first().json.output[0].content[0].text }}

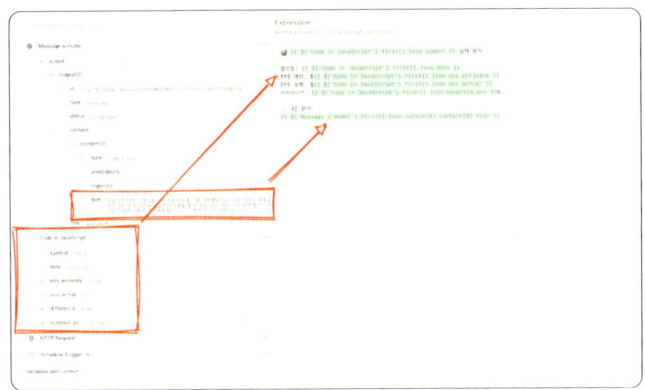

Step 11: 전체 연결 확인

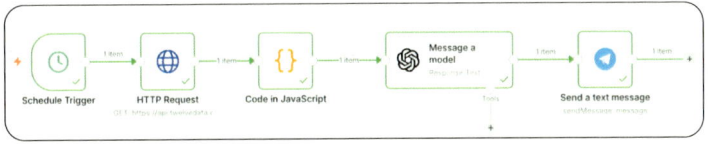

Step 12: 테스트 및 활성화

"Executing Workflow" 클릭 → 텔레그램 확인

성공했으면 오른쪽 상단 "Publish" 클릭.

📣 실적 분석봇 완성

💡 문제가 생겼나요?

Q: "Cannot read properties of undefined" 에러가 나요.

→ 아직 발표된 실적이 없는 종목입니다. 이미 발표된 다른 종목 (AAPL, MSFT 등)으로 테스트하시기 바랍니다.

Q: "You have reached the limit" 에러가 나요.

→ 무료 플랜으로는 earnings 데이터를 못 가져옵니다. Grow 플랜으로 업그레이드합니다.

Q: Telegram 메시지가 빈 칸으로 와요.

→ 노드 이름이 정확한지 확인합니다. $('Code in JavaScript')와 $('Message a model')이 캔버스의 노드 이름과 일치해야 합니다.

[프로젝트6] 시장 온도계

공포와 탐욕, 숫자로 보기

"지금 시장이 과열인가? 공포인가?"

개별 종목도 중요하지만, 시장 전체 분위기를 아는 것도 중요합니다.

- 모두가 탐욕에 빠져 있을 때 → 조심해야 할 때
- 모두가 공포에 떨고 있을 때 → 기회일 수도

시장 온도계는 여러 지표를 종합해서 "지금 시장이 어떤 상태인지" AI가 판단해줍니다.

만들 것

매일 아침, 시장 분위기를 AI가 종합 분석해서 텔레그램으로 보내기

완성되면 다음과 같은 알림이 옵니다.

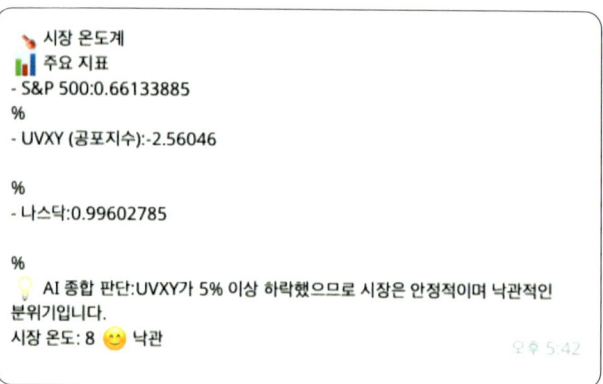

필요한 것

- n8n 계정 ☑
- 텔레그램 봇 ☑
- OpenAI API 키 ☑
- Twelve Data API 키 ☑

💡 VIX와 지수 데이터는 무료 플랜으로도 가능합니다.

Step 1: 새 워크플로우 만들기

n8n.cloud에 로그인합니다.

Overview 화면에서 오른쪽 상단의 Create workflow 버튼을 클릭합니다.

왼쪽 상단의 "**My workflow**"를 클릭해서 이름을 바꿔줍니다.

시장 온도계

Step 2: Schedule Trigger 추가

빈 캔버스가 나타나면 **Add first step**…을 클릭해 첫 번째 노드를 추가합니다.

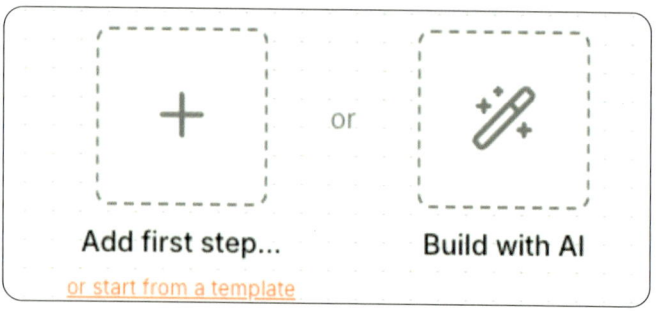

검색창에 입력: Schedule Trigger

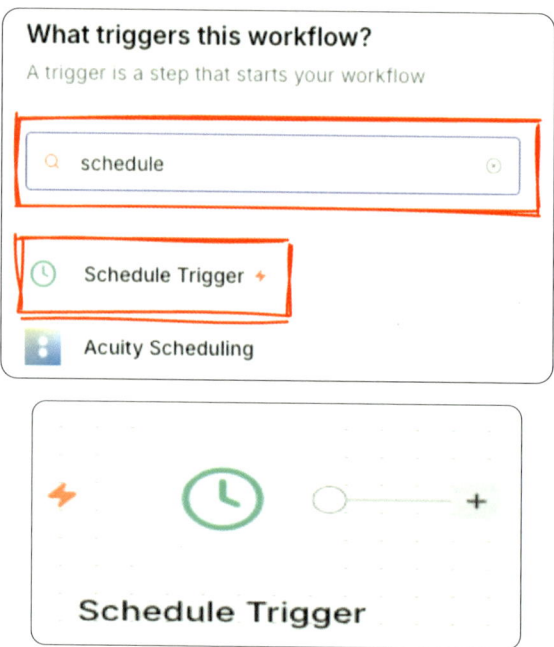

한번에 배우는 n8n으로 주식비서 만들기

먼저 "얼마나 자주 주가를 확인할지" 설정합니다.

[설정]

- **Trigger Interval**: Custom (Cron)

- **Expression**: 30 8 * * *

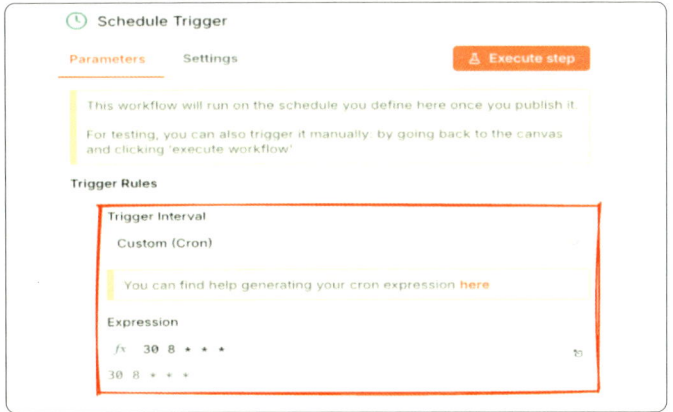

♀ 매일 오전 8시 30분에 실행됩니다.

Step 3: 첫 번째 HTTP Request (S&P 500)

Schedule Trigger 노드 오른쪽의 "+" 버튼을 클릭합니다.

검색창에 입력: HTTP Request

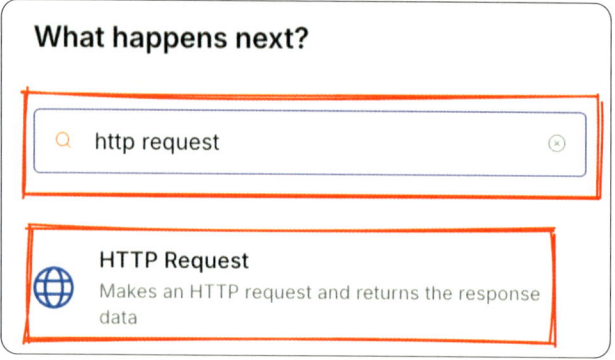

[설정]

- **Method**: GET

- **URL**: https://api.twelvedata.com/quote

- **Send Query Parameters**: 토글 켜기

Name	Value
symbol	TSLA
apikey	YOUR_API_KEY (Part 1에서 발급받은 키)

한번에 배우는 n8n으로 주식비서 만들기

💡 SPY는 S&P 500을 추종하는 ETF입니다.

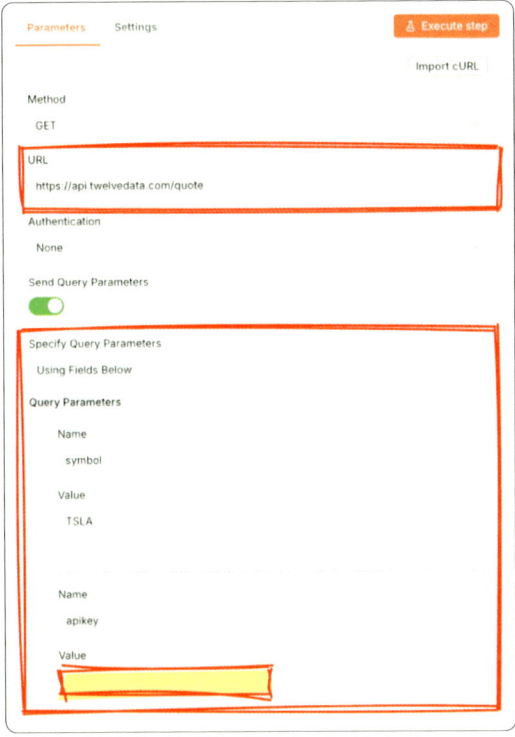

노드 이름 변경: 노드를 마우스 오른쪽 클릭해서 Rename 선택 후 HTTP - SPY로 이름 바꾸기

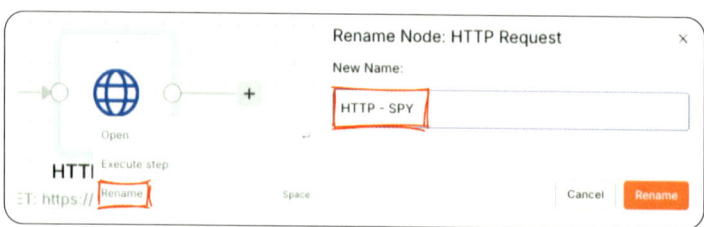

Step 4: 두 번째 HTTP Request (UVXY)

⚠ 이번엔 다르게 연결합니다.

Schedule Trigger 노드를 다시 클릭하고, 오른쪽의 "**+**" 버튼을 클릭합니다.

검색창에 입력: HTTP Request

[설정]

- **URL:** https://api.twelvedata.com/quote

Query Parameters:

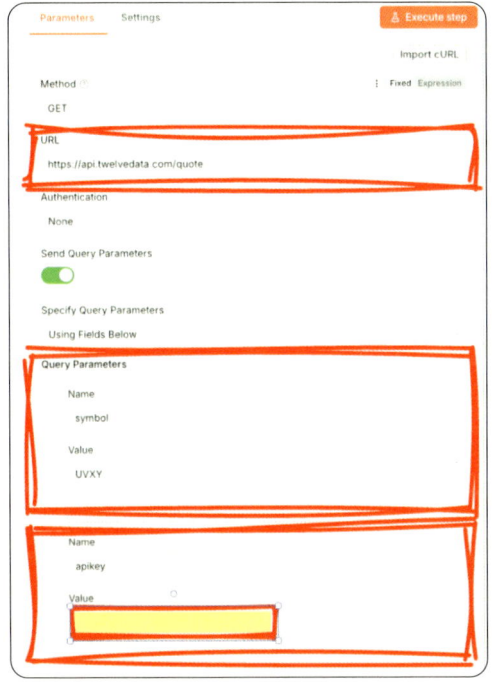

노드 이름: HTTP - UVXY

💡 VIX가 안 되면?

Twelve Data에서 VIX는 보통 VIX로 검색됩니다. 만약 안 되면 UVXY (VIX 추종 ETF)로 대체해보시기 바랍니다.

Step 5: 세 번째 HTTP Request (나스닥)

Schedule Trigger 노드를 다시 클릭하고, 오른쪽의 "**+**" 버튼을 클릭합니다.

검색창에 입력: HTTP Request

[설정]

- **URL:** https://api.twelvedata.com/quote

Query Parameters:

Name	Value
symbol	QQQ
apikey	YOUR_API_KEY (Part 1에서 발급받은 키)

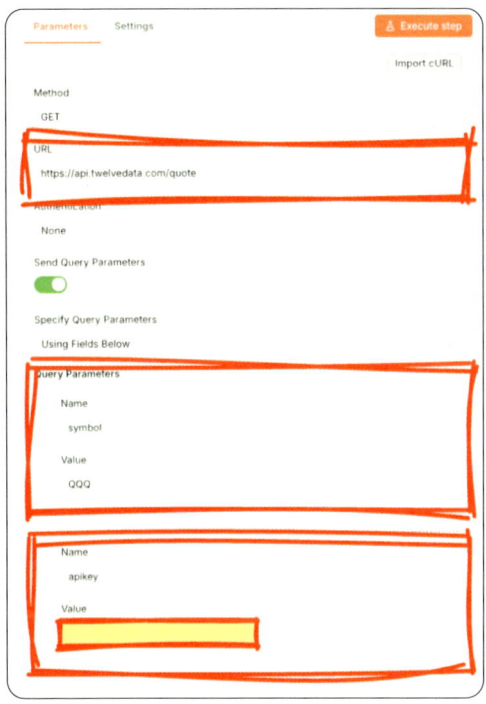

💡 QQQ는 나스닥 100을 추종하는 ETF입니다.

노드 이름: HTTP - QQQ

💡 API 호출 횟수 체크 시장 온도계는 한 번 실행에 API를 3번 호

출합니다(SPY, VIX, QQQ). 하루 1번 실행하면 3번이니까 무료 플랜(800
번/일)으로 충분합니다.

Step 6: Merge 노드 추가 (결과 합치기)

HTTP - SPY 노드 오른쪽의 "**+**" 버튼을 클릭합니다.

검색창에 입력: Merge

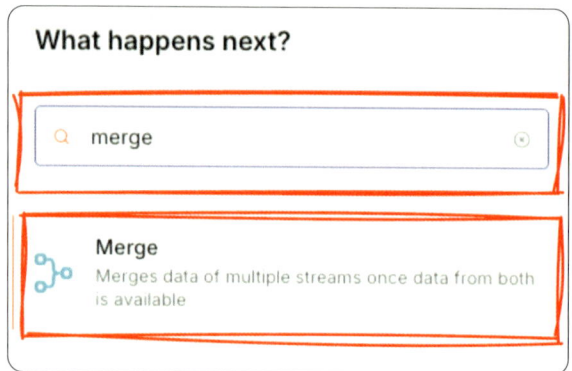

[설정]

- **Mode**: Append
- **Number of Inputs**: 3

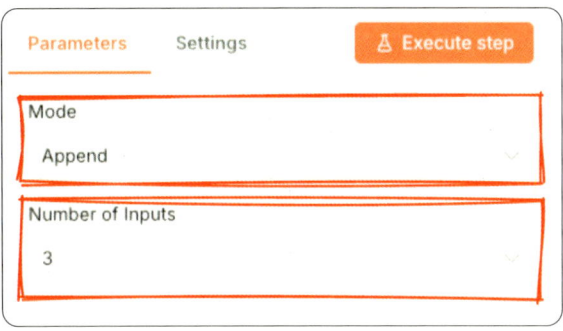

이제 **HTTP - UVXY**와 **HTTP - QQQ** 노드를 Merge 노드에 연결
합니다.

- HTTP - UVXY 노드의 오른쪽 점을 드래그해서 Merge 노드 왼
  쪽에 연결
- HTTP - QQQ 노드의 오른쪽 점을 드래그해서 Merge 노드 왼
  쪽에 연결

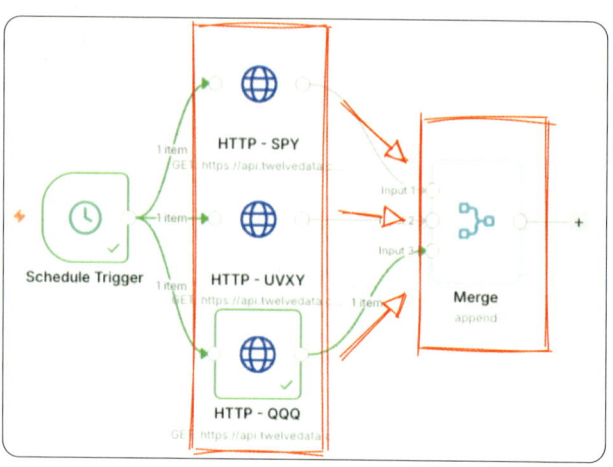

☿ Merge 노드란?

여러 갈래로 나뉜 데이터를 하나로 합쳐주는 노드입니다. 병렬로 실행된 3개의 API 결과를 한 곳에 모아서 다음 노드로 전달합니다.

☿ Append vs Combine 차이

Append	각 입력을 순서대로 이어붙임	여러 개 item으로 출력
Combine	매칭되는 항목끼리 합침	하나의 item으로 병합

우리는 3개의 서로 다른 데이터(SPY, UVXY, QQQ)를 각각 가져와야
하니까 **Append**를 사용합니다.

Item 0: { symbol: 'SPY', percent_change: 0.5, ··· }
Item 1: { symbol: 'UVXY', close: 34.25, ··· }
Item 2: { symbol: 'QQQ', percent_change: 0.8, ··· }

Step 6: OpenAI 노드 추가 (AI 종합 판단)

Merge 노드 오른쪽의 "**+**" 버튼을 클릭합니다.

검색창에 입력: OpenAI

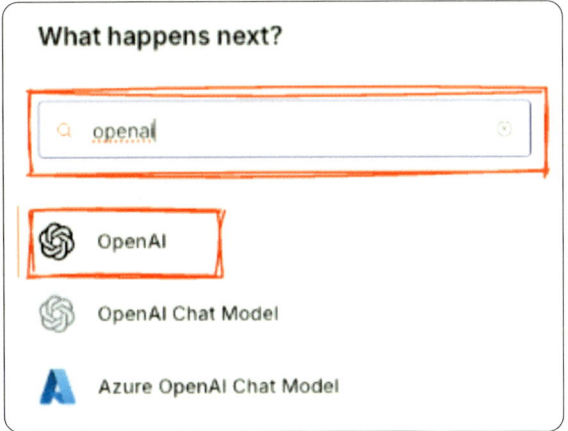

"Message a Model" 선택

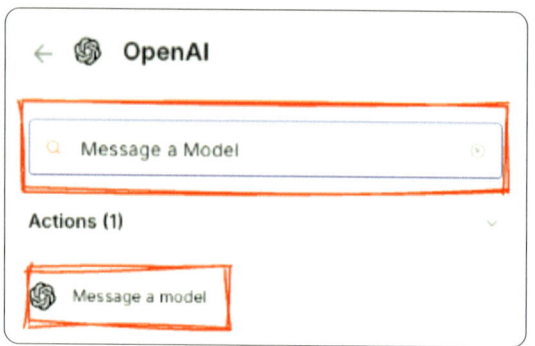

[설정]

- **Credential**: 3-1에서 만든 OpenAI credential 선택

- **Resource**: Message a Model

- **Model**: gpt-5

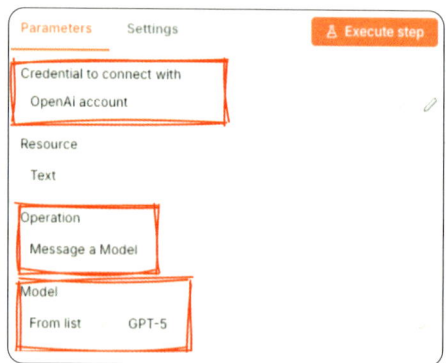

💡 Merge 노드의 역할

Merge 노드는 3개의 HTTP Request가 모두 완료될 때까지 기다려 주는 역할을 합니다. 데이터는 각 HTTP 노드에서 직접 가져올 것입니다.

Step 7: Code 노드 추가 (데이터 정리)

Merge 노드 오른쪽의 "**+**" 버튼을 클릭합니다.

검색창에 입력: Code

[설정]

- **Language**: JavaScript

- **Code**: 아래 코드를 그대로 복사해서 붙여넣기

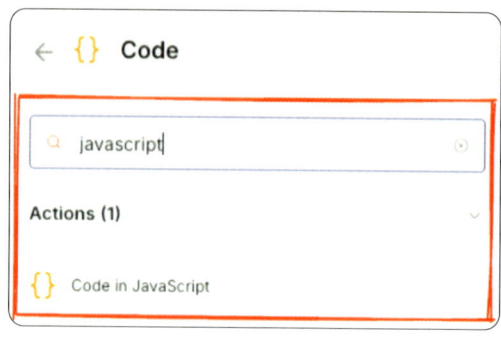

```
const items = $input.all();
const spy = items.find(item => item.json.symbol === 'SPY');
const uvxy = items.find(item => item.json.symbol === 'UVXY');
const qqq = items.find(item => item.json.symbol === 'QQQ');

return [{
json: {
spy_change: spy ? spy.json.percent_change : null,
uvxy_change: uvxy ? uvxy.json.percent_change : null,
qqq_change: qqq ? qqq.json.percent_change : null
}
}];
```

💡 이 코드가 하는 일

- Merge에서 온 3개 데이터를 1개로 합침
- 각 심볼별로 필요한 값(변동률)만 추출

Step 8: AI 프롬프트 설정 – System Message

OpenAI 노드에서 Messages 섹션을 설정합니다.

- **Role**: System 선택
- **Prompt**: 아래 텍스트 입력

당신은 시장 분석가입니다.
주어진 지표를 보고 현재 시장 분위기를 판단해주세요.

UVXY 해석 기준 (VIX 추종 ETF):
- 5% 이상 하락: 시장 안정, 낙관적
- -2% ~ +2%: 중립
- 5% 이상 상승: 시장 불안, 공포

시장 온도를 1-10 점수와 이모지로 표현해주세요.
- 1-3: 😨 공포
- 4-6: 😐 중립
- 7-9: 😊 낙관
- 10: 🐃 과열
한국어로 100자 이내로 답변하세요.

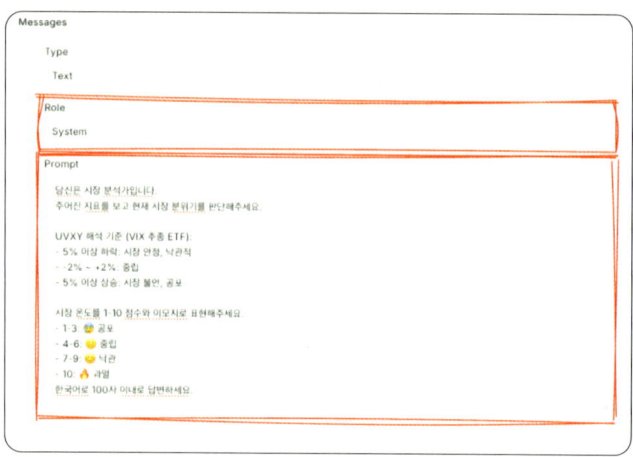

Step 8: AI 프롬프트 설정 – User Message

Add message 클릭

- **Role**: User 선택
- **Prompt**: 오른쪽 상단의 **Expression** 클릭해서 모드 전환

Expression 모드에서 아래 순서대로 작성합니다.

1) 먼저 텍스트 입력

오늘의 시장 지표입니다:

S&P 500 (SPY):

2) 왼쪽 INPUT 패널에서 **Code** 아래의 **spy_change**를 드래그&드롭

3) 이어서 입력:

%

UVXY (공포지수):

4) 왼쪽 INPUT 패널에서 **uvxy_change**를 드래그&드롭

5) 이어서 입력:

%

나스닥 (QQQ):

6) 왼쪽 INPUT 패널에서 **qqq_change**를 드래그&드롭

7) 이어서 입력:

%

시장 분위기를 종합 판단해주세요.

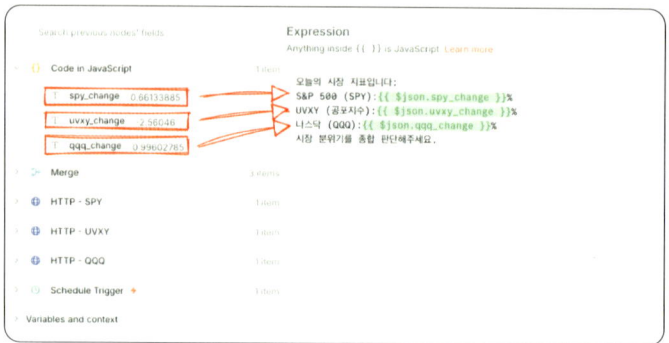

Step 9: Telegram 노드 추가

OpenAI 노드 오른쪽의 "**+**" 버튼을 클릭합니다.

검색창에 입력: Telegram

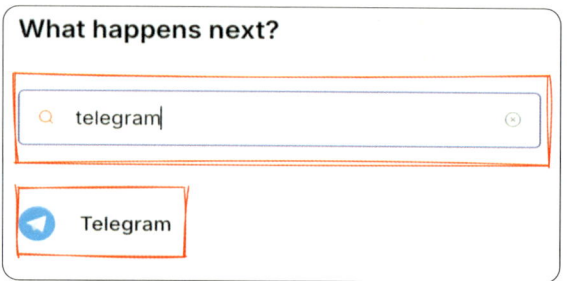

한번에 배우는 **n8n**으로 주식비서 만들기

"Send a Text Message" 선택

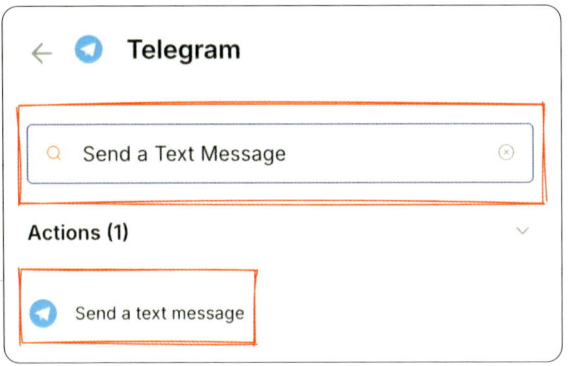

[설정]

- **Credential**: Part 1에서 만든 Telegram credential 선택
- **Chat ID**: 본인 Chat ID 입력
- **Text**: 오른쪽 상단 Expression 클릭

Expression 모드에서 아래 순서대로 작성합니다.

1) 먼저 텍스트 입력

🌡️ 시장 온도계

📊 주요 지표

- S&P 500:

2) 왼쪽 INPUT 패널 상단에서 Code 노드 선택 → spy_change를
   드래그&드롭

3) 이어서 입력:

   %

   - UVXY (공포지수):

4) uvxy_change를 드래그&드롭

5) 이어서 입력:

   %

   - 나스닥:

6) qqq_change를 드래그&드롭

7) 이어서 입력:

   %

💡 AI 종합 판단

8) INPUT 패널 상단에서 Message a model 노드 선택 → output
→ 0 → content → 0 → text를 드래그&드롭

Step 10: 전체 연결 확인

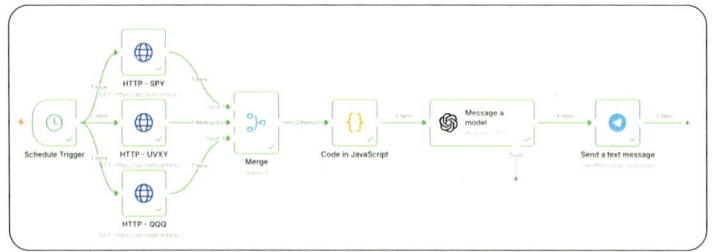

Step 11: 테스트 및 활성화

"**Execute Workflow**" 클릭 → 텔레그램 확인 → "Publish"

🎉 시장 온도계 완성

Q: VIX 데이터가 안 와요.

→ 심볼이 VIX가 맞는지 확인합니다. 안 되면 UVXY로 대체해보시 기 바랍니다.

Q: 다른 노드 데이터가 안 보여요.

→ INPUT 패널 상단 드롭다운에서 원하는 노드를 선택했는지 확 인합니다. 해당 노드를 먼저 실행(Test step)해야 데이터가 나타납 니다.

[확장] 주간 리포트로 만들기

매일 받는 것 외에, 주간 종합 리포트도 만들어보시기 바랍니다.

[도전 과제]

- 매일 데이터를 구글 시트에 저장
- 매주 일요일에 AI가 한 주를 종합 분석

Part 4

자동으로
사고팔기

⚠ 자동매매를 시작하기 전에

이 파트에서는 **모의투자**로 진행합니다.

모의투자란 가상의 돈으로 실제와 동일한 환경에서 거래를 연습하는 것입니다.

실제 돈이 오가지 않으니 마음껏 테스트해보시기 바랍니다.

💡 모의투자로 시작해야 하는 이유

1. 실수해도 안전합니다.

- 코드에 버그가 있어도 실제 손실이 없습니다.
- 마음 편하게 이것저것 시도해볼 수 있습니다.

2. 시스템 검증이 필수입니다.

- 자동매매는 24시간 돌아갑니다.
- 예상치 못한 상황에서 어떻게 동작하는지 확인해야 합니다.

3. 최소 2주는 테스트하시기 바랍니다.

- 다양한 시장 상황을 경험해봐야 합니다.
- 급등, 급락, 횡보장 모두 겪어보시기 바랍니다.

4. 알림을 꼭 설정하시기 바랍니다.

- 주문이 체결되면 텔레그램 알림이 오도록 설정합니다.
- 모의투자라도 실전처럼 모니터링하는 습관을 들이면 좋습니다.

📋 실전투자 전환은 나중에

이 책의 모든 코드는 모의투자 API를 사용합니다.

충분히 테스트하고 자신감이 생기면, 실전투자로 전환할 수 있습니다.

전환 방법은 이 책의 후속편에서 다룰 예정입니다.

📋 투자 유의사항

이 책의 코드는 자동매매의 기본 구조를 배우기 위한 교육용입니다.

실제 투자에 활용할 때는 본인의 투자 성향과 리스크 허용 범위에 맞게 수정해서 사용하시기 바랍니다.

모든 투자 판단과 결과에 대한 책임은 본인에게 있습니다.

모의투자 시작 전 체크리스트

- [ ] 한국투자증권 모의투자 계좌 개설 완료
- [ ] KIS Developers API 신청 완료
- [ ] App Key / App Secret 발급 완료
- [ ] 텔레그램 봇 연결 완료 준비되셨나요?

다음 페이지로 넘어갑니다.

자동매매 준비하기

자동으로 주문을 넣으려면 증권사 API가 필요합니다. API는 프로그램이 증권사에 주문을 요청할 수 있게 해주는 통로입니다.

미국 주식은 한국 시간으로 밤 11시 30분부터 새벽 6시까지 열립니다. 매일 새벽에 일어날 수 없으니, 시스템이 대신 거래하게 만드는 것입니다.

이 책에서는 한국투자증권 API를 사용합니다.

- REST API라서 n8n에서 바로 호출 가능
- 미국 주식 지원 (나스닥, 뉴욕, 아멕스)
- 모의투자 지원 (가상의 돈으로 안전하게 연습)

하나씩 준비해보겠습니다.

💡 필요한 것

- n8n 계정 ☑
- 텔레그램 봇 ☑ (Part 1에서 완료)
- 한국투자증권 계좌 ☑ (이번 챕터에서 준비)

Step 1: 한국투자증권 계좌 개설

이미 계좌가 있다면 이 단계는 건너뜁니다.

1. 한국투자증권 앱 다운로드 (한국투자)
2. 앱 실행 → "계좌개설" 선택
3. 신분증 촬영, 본인 인증 진행
4. 완료

Step 2: 모의투자 신청

이 책에서는 모의투자로 진행합니다. 가상의 돈으로 실제와 동일한 환경에서 연습할 수 있습니다.

한국투자증권 홈페이지: www.truefriend.com

[트레이딩] → [모의투자] → [주식/선물옵션 모의투자]
→ [모의투자안내]

리그 구분에서 선택
- 국내주식
- 해외주식

신청이 완료되면 모의투자 계좌번호가 발급됩니다. 이 번호를 따로 저장해둡니다.

♀ 모의투자 계좌에는 가상의 돈이 들어있습니다. 실수해도 실제 손실이 없으니 마음껏 테스트해보시기 바랍니다.

Step 3: KIS Developers 서비스 신청

API를 사용할 수 있도록 개발자 서비스를 신청합니다.

💡 KIS Developers 신청은 모바일보다 PC 환경에서 진행하는 것이 수월합니다.

한국투자증권 홈페이지에서:

[트레이딩] → [Open API] → [KIS Developers]

→ [KIS Developers 서비스 신청하기]

또는 직접 접속:https://apiportal.koreainvestment.com

1. "API 신청" 버튼 클릭
2. 휴대폰 본인 인증
3. 이용 약관 동의
4. 모의투자계좌 선택 → 앞서 발급받은 모의투자 계좌번호 입력
5. 신청 완료!

💡 실전투자 계좌와 모의투자 계좌는 각각 별도의 App Key, App Secret이 발급됩니다.

Step 4: App Key / App Secret 확인

신청이 완료되면 App Key와 App Secret이 발급됩니다.

⚠️ **App Secret은 절대 유출하면 안 됩니다.** 이 키가 있으면 누구든 여러분 계좌로 주문을 넣을 수 있습니다.

💡 **App Secret 복사 팁:** App Secret은 180자리로 매우 깁니다. 복사할 때 공백이 포함되거나 끝이 잘리는 실수가 잦습니다. 메모장이나 VS Code 같은 텍스트 에디터에 먼저 붙여넣어 공백을 확인한 후 사용하시기 바랍니다.

Step 5: n8n에서 토큰 발급 테스트

한국투자증권 API는 토큰 기반 인증을 사용합니다. 모든 API 호출 전에 먼저 접근 토큰을 발급받아야 합니다.

1. n8n.cloud에 로그인
2. "Create workflow" 클릭
3. 이름: 한투 API - 토큰 테스트

Step 6: HTTP Request 노드 추가

캔버스에서 "Add first step…" 클릭

검색창에 입력: HTTP Request

[설정]

- **Method**: POST
- **URL**: https://openapivts.koreainvestment.com:29443/oauth2/
  tokenP

     💡 URL에 **vts**가 들어가면 모의투자 서버입니다. (VTS = Virtual Trading System)

Step 7: Body 설정

Send Body 토글 켜기

Body Content Type: JSON

Body 입력:

json

{

  "grant_type": "client_credentials",

"appkey": "여기에_App_Key_입력",

"appsecret": "여기에_App_Secret_입력"

}

💡 **JSON 입력 주의사항**

- grant_type은 "client_credentials" 고정값입니다. 변경하지 않습니다.
- 기존 따옴표("") 사이에 키값만 정확히 붙여넣으시기 바랍니다.
- 따옴표를 지우거나 추가하면 에러가 납니다.

💡 **보안 참고:** 이 테스트는 성공 확인이 목표입니다. 실제 운영 시에는 App Key와 Secret을 n8n Credentials에 저장하는 것이 더 안전합니다.

Step 8: 테스트 실행
- - - - - - - - - - - - - - - - - - - -

"Test step" 클릭

성공하면 OUTPUT에 이런 응답이 나타납니다.

json

{

"access_token": "eyJ0eXAiOiJKV1QiLCJhbGc…(매우 긴 문자열)",

"token_type": "Bearer",

"expires_in": 86400

}

🎉 토큰 발급 성공

access_token이 바로 앞으로 모든 API 호출에 사용할 인증 토큰입니다.

위의 **access_token**은 뒤에서 사용하게 됩니다.

💡 문제가 생겼나요?

Q: "Invalid appkey" 에러가 나요.

→ App Key가 정확한지 확인합니다. 앞뒤 공백이 들어가면 안 됩니다.

Q: "Invalid appsecret" 에러가 나요.

→ App Secret이 정확한지 확인합니다. 180자리 전체를 복사해야 합니다. 메모장에 붙여넣어 공백이 없는지 확인해보시기 바랍니다.

Q: 연결이 안 돼요.

→ URL이 정확한지 확인합니다. 모의투자는 openapivts, 포트는 29443입니다.

Q: 따옴표 관련 에러가 나요.

→ JSON Body에서 따옴표("")를 실수로 지우거나 추가하지 않았는지 확인합니다.

Q: API는 하루에 한번씩 갱신이 되고 있습니다.

→ 하루가 지나면 새로 4-1을 실행해서 진행하시기 바랍니다.

🎉 **자동매매 준비 완료**

여기까지 잘 따라오셨는지 정리해보겠습니다.

- 한국투자증권 계좌 개설
- 모의투자 신청 완료
- KIS Developers 신청 완료
- App Key / App Secret 저장
- 모의투자 계좌번호 저장
- n8n에서 토큰 발급 테스트 성공

모두 완료됐다면, 가장 어려운 준비 과정은 끝났습니다.
다음 챕터에서 첫 번째 자동매매 봇을 만들어보겠습니다.

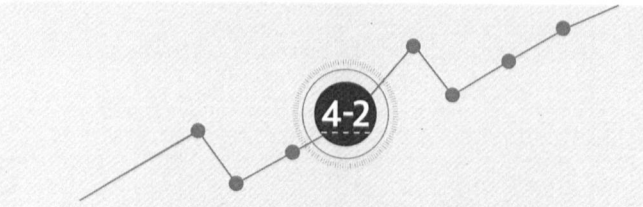

[프로젝트7] 첫 주식 매수하기

알림만 받으면 뭐하나요?

Part 1~3까지 우리는 알림을 만들었습니다.

- "테슬라 380달러 됐어요!" → 알림
- "급등했어요!" → 알림
- "실적 발표 3일 전이에요!" → 알림

그런데 알림을 받고 나서 뭘 했나요?

알림 확인 → 증권앱 열기 → 로그인 → 종목 검색 → 수량 입력 →
주문…

이 사이에 가격은 또 변하고, 결국 "에이, 나중에 사지" 하고 넘깁니다.

알림과 실행 사이의 간극, 이게 문제입니다.

이제 그 간극을 없앱니다. 텔레그램에서 "테슬라 2주 사줘"라고 보내면, AI가 알아듣고 진짜로 2주가 매수됩니다.

필요한 것

- n8n 계정 ☑ (Part 1에서 완료)
- 텔레그램 봇 ☑ (Part 1에서 완료)
- OpenAI API ☑ (Part 3에서 완료)
- 한국투자증권 API ☑ (4-1에서 완료)
- 모의투자 계좌번호 ☑ (4-1에서 완료)
- access_token ☑ (4-1에서 메모장에 저장)

전체 구조 미리보기

이번 워크플로우는 AI Agent를 사용합니다.

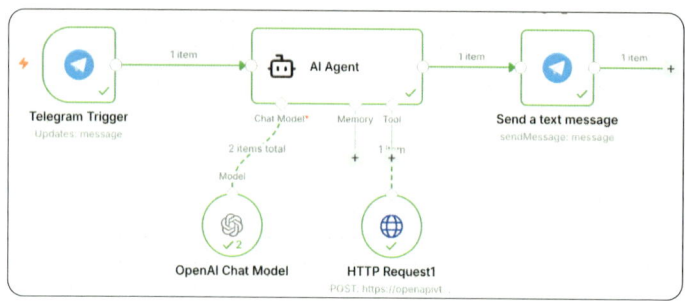

AI Agent가 하는 일

- "테슬라 두 주 사줘" 같은 자연어를 이해
- 종목코드(TSLA)와 수량(2)을 알아서 추출
- 매수 주문 Tool을 호출해서 실제 주문 실행
- 결과를 친절하게 정리해서 답변

한번에 배우는 n8n으로 주식비서 만들기

Step 1: 새 워크플로우 만들기

n8n.cloud에 로그인합니다.

Overview 화면에서 오른쪽 상단의 "**Create workflow**" 버튼을 클릭합니다.

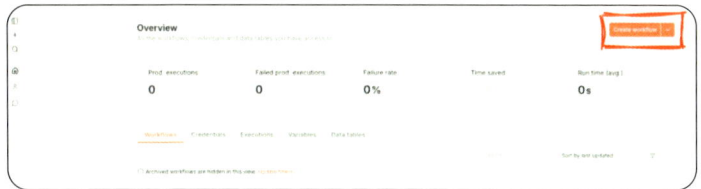

왼쪽 상단의 "**My workflow**"를 클릭해서 이름을 바꿔줍니다.

AI 매수봇

Step 2: Telegram Trigger 추가

캔버스에서 "**Add first step···**" 클릭

검색창에 입력: Telegram

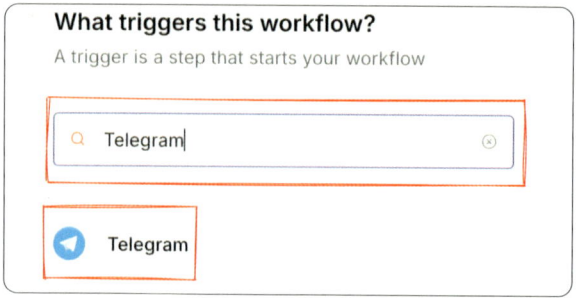

여러 옵션 중 "**On message**"를 선택합니다.

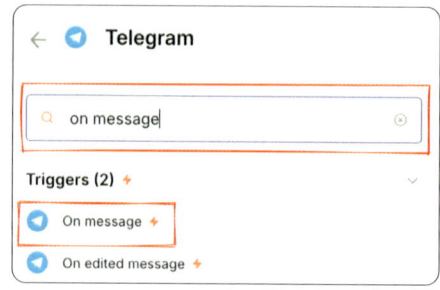

[설정]

- **Credential to connect with**: Part 1에서 만든 Telegram account 선택
- **Trigger On**: Message (기본값 그대로)

Step 3: AI Agent 추가

Telegram Trigger 노드 오른쪽 "**+**" 클릭

검색창에 입력: AI Agent

AI Agent 노드를 선택합니다.

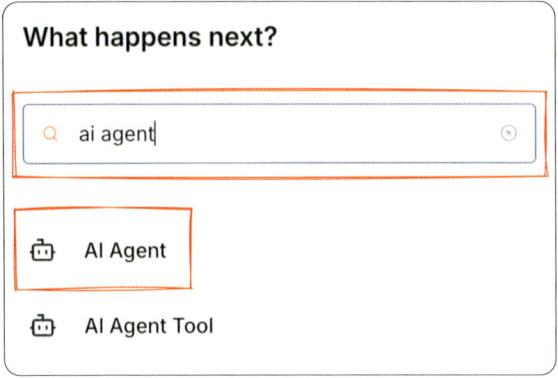

[설정]

- **Source for Prompt**: Define below 선택
- **Text**: Expression 클릭 후 입력

{{ $('Telegram Trigger').item.json.message.text }}

Step 4: Chat Model 연결 (OpenAI)

AI Agent 노드 하단에 Chat Model, Memory, Tool 연결 버튼이 보입니다.

Chat Model 옆의 "**+**" 클릭

검색창에 입력: OpenAI Chat Model

[설정]

- **Credential**: Part 3에서 만든 OpenAI credential 선택
- **Model**: gpt-4o-mini

Step 5: System Message 설정

AI Agent 노드를 다시 클릭합니다.

Add Option → System Message 선택

System Message에 입력:

너는 주식 매수를 도와주는 AI 비서야.

사용자가 주식 매수를 요청하면:

1. 메시지에서 종목과 수량을 파악해

2. 종목명은 미국 주식 티커로 변환해 (테슬라→TSLA, 애플→AAPL, 엔비디아→NVDA, 마이크로소프트→MSFT, 아마존→AMZN, 구글→GOOGL, 메타→META)

3. 한글 숫자는 아라비아 숫자로 변환해 (두 주→2, 세 주→3)

4. 매수 주문 도구를 사용해서 주문을 실행해

5. 결과를 친절하게 알려줘

   수량이 10주를 초과하면 "안전을 위해 한 번에 10주까지만 주문 가능합니다"라고 안내해.

   매수 의도가 아닌 메시지면 "주식 매수 명령어를 입력해주세요. 예: 테슬라 2주 사줘"라고 안내해.

   항상 한국어로 답변해.

Step 6: 매수 주문 Tool 추가

AI Agent 노드 하단의 Tool 옆 "**+**" 클릭

검색창에 입력: HTTP Request

HTTP Request를 선택합니다. (Tool로 연결되면 자동으로 Tool 모드가 됩니다)

[설정]

Description 입력

미국 주식을 매수하는 도구입니다. symbol(종목코드)과 quantity(수량)를 받아서 시장가로 매수 주문을 실행합니다.

💡 **Description이 왜 중요한가요?**

AI Agent가 "이 도구를 언제 써야 하는지" 판단하는 기준이 됩니다. 명확하게 쓰시기 바랍니다.

HTTP 설정:

- **Method**: POST
- **URL**: https://openapivts.koreainvestment.com:29443/uapi/

overseas-stock/v1/trading/order

- **Send Headers**: 토글 켜기

Headers에서 Add Header를 여러 번 클릭

Name	Value
Content-Type	application/json
authorization	Bearer _access_token_붙여넣기
appkey	여기에_App_Key
appsecret	여기에_App_Secret
tr_id	VTTT1002U

⚠ **Bearer 뒤에 공백 한 칸** 꼭 있어야 합니다.

Body 설정:

- **Send Body**: 토글 켜기
- **Body Content Type**: JSON
- **Body**:

{

"CANO": "계좌번호앞8자리",

```
"ACNT_PRDT_CD": "01",

"OVRS_EXCG_CD": "NASD",

"PDNO": "{{ $fromAI('symbol', '종목코드 (예: TSLA, AAPL)') }}",

"ORD_QTY": "{{ $fromAI('quantity', '주문 수량 (숫자)') }}",

"OVRS_ORD_UNPR": "0",

"ORD_DVSN": "00",

"ORD_SVR_DVSN_CD": "0"

}
```

💡 $fromAI()가 뭔가요? AI Agent가 알아서 채워주는 마법의 함수입니다.

- $fromAI('symbol', '종목코드) → AI가 "테슬라"를 "TSLA"로 변환해서 넣어줌
- $fromAI('quantity', '수량) → AI가 "두 주"를 "2"로 변환해서 넣어줌

코드 한 줄 없이 AI가 알아서 파싱합니다.

Step 7: Telegram 결과 전송

AI Agent 노드 오른쪽 "+" 클릭

검색창에 입력: Telegram

Send a Text Message 선택

[설정]

- **Credential**: Part 1에서 만든 credential
- **Chat ID**: Expression 모드에서:

  {{ $('Telegram Trigger').item.json.message.chat.id }}
- **Text**: Expression 모드에서:

  {{ $('AI Agent').item.json.output }}

Step 8: 워크플로우 활성화 및 테스트

테스트하기

- 오른쪽 상단의 Active 토글을 켜세요

- 텔레그램 봇에게 메시지를 보내세요:

  테슬라 2주 사줘
- AI가 이해하고 매수 주문 후 결과를 답장해줍니다.

이것도 해보시기 바랍니다.
- 애플 세 주 매수해줘
- 엔비디아 5주 사고 싶어
- MSFT 2주 부탁해

💡 장 운영시간 주의!

미국 주식은 한국 시간 밤 11:30 ~ 새벽 6:00에만 거래됩니다. 장 마감 시간에 테스트하면 주문은 접수되지만 체결은 다음 장 시작 때 됩니다.

🎉 AI 매수봇 완성

방금 당신은 AI가 자연어를 이해해서 주식을 사는 봇을 만들었습니다.

코드 한 줄 없이, AI가 알아서 합니다.

- "테슬라" → "TSLA" 변환
- "두 주" → "2" 변환
- 매수 주문 실행

이게 진짜 AI 자동화의 힘입니다. ✨

💡 문제가 생겼나요?

Q: AI가 Tool을 사용 안 하고 그냥 답변만 해요.

→ System Message에 "매수 주문 도구를 사용해서"라는 문구가
있는지 확인합니다. Tool Description도 명확하게 써줍니다.

Q: "PDNO 입력값 오류" 에러가 나요.

→ AI가 종목코드를 잘못 추출했을 수 있습니다. System Message
에 종목 예시를 더 추가해보시기 바랍니다.

Q: "토큰이 만료되었습니다" 에러가 나요.

→ 토큰은 24시간 유효합니다. 4-1의 토큰 갱신 워크플로우를 실행해

서 새 토큰을 발급받고, authorization 헤더를 업데이트합니다.

Q: 텔레그램으로 메시지 보냈는데 아무 반응이 없어요.

→ 워크플로우가 Active 상태인지 확인합니다. n8n Executions 탭
에서 실행 기록도 확인해보시기 바랍니다.

[확장] 매도 기능도 추가해보기

도전 과제: "테슬라 2주 팔아줘" 메시지로 매도하는 기능을 추가해
보세요.

[힌트]

- 매도용 HTTP Request Tool을 하나 더 추가
- tr_id: VTTT1001U (매수는 1002U, 매도는 1001U)
- System Message에 "팔아줘"는 매도 도구 사용하라고 추가

[프로젝트8] 내 잔고 확인봇

4-2에서 AI 매수봇을 만들었죠? 이번엔 같은 패턴으로 잔고 확인봇을 만듭니다.

"잔고 알려줘", "내 주식 뭐 있어?", "보유 종목" 등 자연스러운 말로 물어보면 AI가 알아듣고 잔고를 조회해서 에쁘게 정리해줍니다.

필요한 것

- n8n 계정 ☑ (Part 1에서 완료)
- 텔레그램 봇 ☑ (Part 1에서 완료)
- OpenAI API ☑ (Part 3에서 완료)
- 한국투자증권 API ☑ (4-1에서 완료)

- 모의투자 계좌번호 ☑ (4-1에서 완료)
- access_token ☑ (4-1에서 메모장에 저장)

전체 구조 미리보기

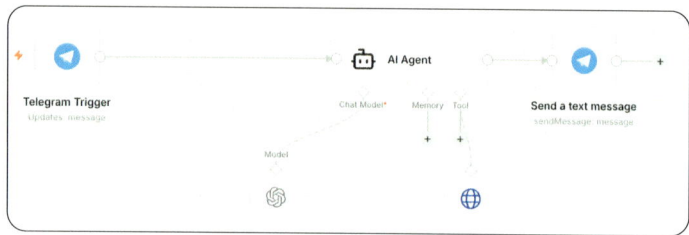

Step 1: 새 워크플로우 만들기

n8n.cloud에 로그인합니다.

Overview 화면에서 오른쪽 상단의 Create workflow 버튼을 클릭합니다.

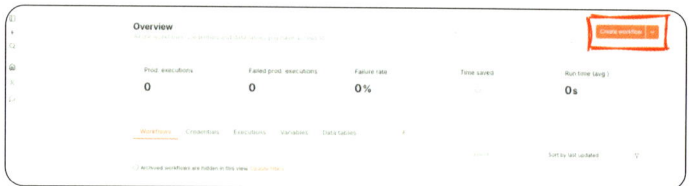

한번에 배우는 n8n으로 주식비서 만들기

왼쪽 상단의 "My workflow"를 클릭해서 이름을 바꿔줍니다.

해외주식 잔고 확인봇

Step 2: Telegram Trigger 추가

캔버스에서 "Add first step…" 클릭

검색창에 입력: Telegram

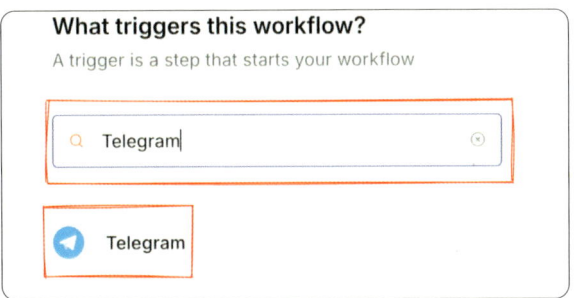

여러 옵션 중 "On message"를 선택합니다.

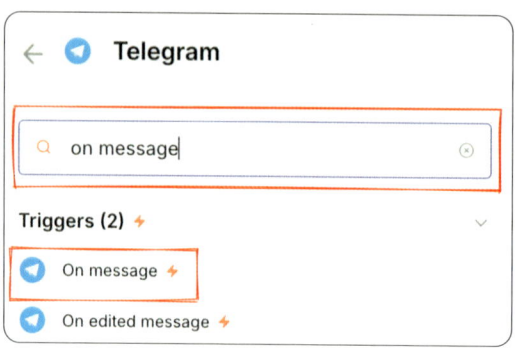

[설정]

- **Credential to connect with**: Part 1에서 만든 Telegram account 선택
- **Trigger On**: Message (기본값 그대로)

Step 3: AI Agent 추가

Telegram Trigger 노드 오른쪽 "**+**" 클릭

검색창에 입력: AI Agent

AI Agent 노드를 선택합니다.

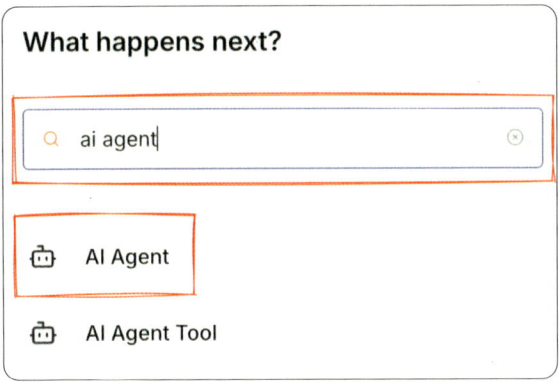

[설정]

- **Source for Prompt**: Define below 선택
- **Text**: Expression 클릭 후 입력:

  {{ $('Telegram Trigger').item.json.message.text }}

Step 4: Chat Model 연결 (OpenAI)

AI Agent 노드 하단에 Chat Model, Memory, Tool 연결 버튼이 보입니다.

Chat Model 옆의 "+" 클릭

검색창에 입력: OpenAI Chat Model

[설정]

- **Credential:** Part 3에서 만든 OpenAI credential 선택
- **Model:** gpt-4o-mini

Step 5: System Message 설정

AI Agent 노드를 다시 클릭합니다.

Add Option → **System Message** 선택

System Message에 입력

너는 주식 잔고를 조회해주는 AI 비서야.
사용자가 잔고, 보유 종목, 내 주식 등을 물어보면:
1. 잔고 조회 도구를 사용해서 보유 종목을 조회해
2. 결과를 보기 좋게 정리해서 알려줘
3. 각 종목의 수익률이 양수면 ☑, 음수면 ☒ 이모지를 붙여줘
4. 마지막에 총 평가손익을 알려줘
잔고 조회 의도가 아닌 메시지면 "잔고 조회 명령어를 입력해주세요. 예:
잔고 알려줘, 내 주식 뭐 있어?"라고 안내해.
항상 한국어로 답변해.

Step 6: 잔고 조회 Tool 추가

AI Agent 노드 하단의 Tool 옆 "**+**" 클릭

검색창에 입력: HTTP Request

HTTP Request를 선택합니다.

[설정]

Description 입력

해외주식 잔고를 조회하는 도구입니다. 사용자의 나스닥 보유 종목, 수량, 평균단가, 현재가, 수익률을 조회합니다.

💡 Description이 왜 중요한가요?

AI Agent가 "이 도구를 언제 써야 하는지" 판단하는 기준이 됩니다. 명확하게 쓰시기 바랍니다.

HTTP 설정:

- Method: GET
- URL: https://openapivts.koreainvestment.com:29443/uapi/overseas-stock/v1/trading/inquire-balance

Headers 설정:

Send Headers: 토글 켜기

Headers에서 Add Header를 여러 번 클릭해서 아래 항목들을 추가:

Name	Value
Content-Type	application/json
authorization	Bearer _access_token_붙여넣기
appkey	여기에_App_Key
appsecret	여기에_App_Secret
tr_id	VTTS3012R
tr_cont	
custtype	P

⚠ **Bearer 뒤에 공백 한 칸** 꼭 있어야 합니다.

Query Parameters 설정:

⚠ 중요! 잔고 조회는 GET 요청이므로 Body가 아닌 Query Parameters를 사용합니다.

- Send Body: 토글 *끄기*
- Send Query Parameters: 토글 켜기

Add Parameter를 여러 번 클릭해서 아래 항목들을 추가:

Name	Value
CANO	(본인 계좌번호 앞 8자리)
ACNT_PRDT_CD	01
OVRS_EXCG_CD	NASD
TR_CRCY_CD	USD
CTX_AREA_FK200	
CTX_AREA_NK200	

💡 **CTX_AREA_FK200, CTX_AREA_NK200 주의!** 완전히 비워두면 안 되고, 공백 한 칸(스페이스)을 입력해야 합니다.

Step 7: Telegram 결과 전송

AI Agent 노드 오른쪽 "**+**" 클릭

검색창에 입력: Telegram

Send a Text Message 선택

[설정]

- **Credential**: Part 1에서 만든 credential
- **Chat ID**: Expression 모드에서:

  {{ $('Telegram Trigger').item.json.message.chat.id }}
- **Text**: Expression 모드에서:

  {{ $('AI Agent').item.json.output }}

Step 8: 워크플로우 활성화 및 테스트

테스트하기

- 오른쪽 상단의 Active 토글을 켭니다.
- 텔레그램 봇에게 메시지를 보냅니다.

잔고 알려줘

이것도 해보시기 바랍니다.

- 내 주식 뭐 있어?

한번에 배우는 n8n으로 주식비서 만들기

- 보유 종목 조회해줘

- 지금 얼마나 벌고 있어?

⚠️ **장 운영시간 주의!** 미국 주식은 한국 시간 밤 11:30 ~ 새벽 6:00 에만 거래됩니다. 장 마감 시간에 테스트하면 주문은 접수되지만 체결은 다음 장 시작 때 됩니다.

💡 문제가 생겼나요?

Q. "INVALID TR_ID" 에러가 나요.

→ tr_id 값이 VTTS3012R인지 확인합니다. 대문자 V여야 하고, 공백이 없어야 합니다.

Q. "authorization" 에러가 나요.

→ Bearer 뒤에 공백이 있는지 확인합니다. Bearer와 토큰 사이에 스페이스 한 칸이 있어야 합니다.

Q. "INPUT_FIELD_NAME CANO" 에러가 나요.

→ CANO에 실제 계좌번호 앞 8자리를 입력했는지 확인합니다. "계

좌번호앞8자리"라는 텍스트가 그대로 들어가면 안 됩니다.

Q. 계좌번호 오류가 나요.

→ CANO는 앞 8자리, ACNT_PRDT_CD는 뒤 2자리입니다. 하이
픈(-)은 입력하지 않습니다.

Q. "JSON parameter needs to be valid JSON" 에러가 나요.

→ Body가 아닌 Query Parameters를 사용해야 합니다. Send
Body를 끄고, Send Query Parameters를 켭니다.

Q. CTX_AREA 관련 에러가 나요.

→ CTX_AREA_FK200과 CTX_AREA_NK200에 공백 한 칸을 입
력했는지 확인합니다. 완전히 비워두면 에러가 납니다.

Q. 텔레그램 메시지가 안 오고 에러가 나요.

→ 백틱(`)과 작은따옴표(')를 혼동했을 가능성이 큽니다. 또는 ${}} 괄
호가 제대로 닫혔는지 확인합니다.

Q. output1이 계속 비어있어요.

→ 모의투자 계좌에 주식이 없습니다. MTS/HTS에서 먼저 주식을

매수합니다.

Q. 토큰 만료 에러가 나요.

→ access_token은 24시간 후 만료됩니다. 4-1의 토큰 발급 워크플로우를 다시 실행해서 새 토큰을 받으시기 바랍니다.

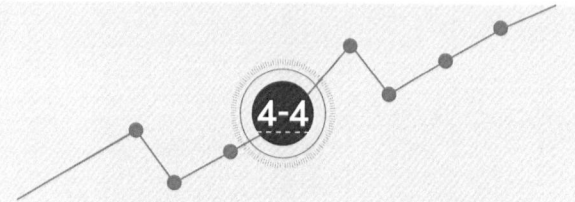

[프로젝트 9] AI 투자 분석봇

4-2에서 AI 매수봇, 4-3에서 잔고 확인봇을 만드셨나요?

이번엔 종목을 분석하고, 투자 의견까지 제시하고, 원하면 바로 매수까지 진행합니다.

나: TSLA 분석해줘

봇: 📊 TSLA 투자 분석 리포트
🖼 가격 흐름 (최근 7일)
- 7일 전: $245.20 → 현재: $268.50
- 변동: +9.5% 상승 추세 🖼
📰 뉴스 분석 (최근 3일)
☑ 긍정 2건: 신규 공장 가동, 배터리 기술 혁신
⚠ 부정 1건: 중국 판매 부진
◉ AI 종합 의견: 매수 고려 ☑
상승 모멘텀과 긍정적 뉴스가 우세합니다.
단, 중국 리스크는 주시가 필요합니다.

💡 매수를 원하시면 "TSLA 2주 사줘"라고 말씀하세요.

나: TSLA 2주 사줘
봇: ☑ TSLA 2주 매수 주문 완료!

필요한 것

- n8n 계정 ☑ (Part 1에서 완료)
- 텔레그램 봇 ☑ (Part 1에서 완료)
- OpenAI API ☑ (Part 3에서 완료)
- Twelve Data AP ☑ (Part 1에서 완료)
- Finnhub API ☑ (Part 3에서 완료)
- 한국투자증권 API ☑ (4-1에서 완료)

전체 구조 미리보기

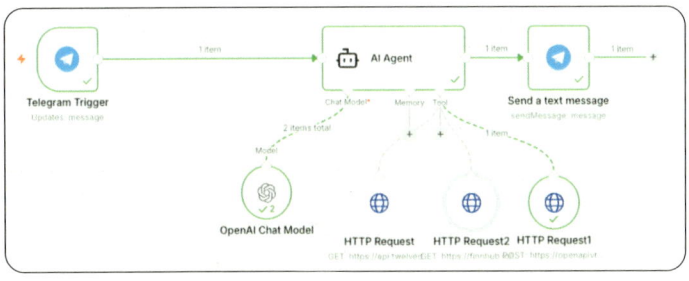

AI Agent가 사용자 메시지를 보고 어떤 Tool을 쓸지 스스로 판단합니다.

- "TSLA 분석해줘" → Tool 1 + Tool 2 사용 → 분석 리포트
- "TSLA 2주 사줘" → Tool 3 사용 → 매수 실행
- "TSLA 분석하고 괜찮으면 사줘" → Tool 1 + 2 + 3 연속 사용!

Step 1: 새 워크플로우 만들기

n8n.cloud에 로그인합니다.

Overview 화면에서 오른쪽 상단의 Create workflow 버튼을 클릭합니다.

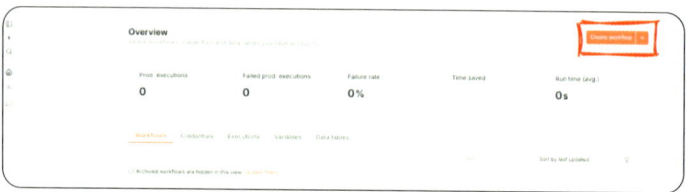

왼쪽 상단의 "My workflow"를 클릭해서 이름을 바꿔줍니다.

AI 투자 분석봇

Step 2: Telegram Trigger 추가

캔버스에서 "**Add first step…**" 클릭

검색창에 입력: Telegram

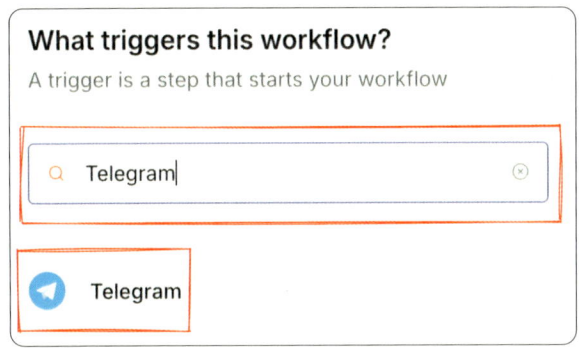

여러 옵션 중 On message ⚡를 선택합니다.

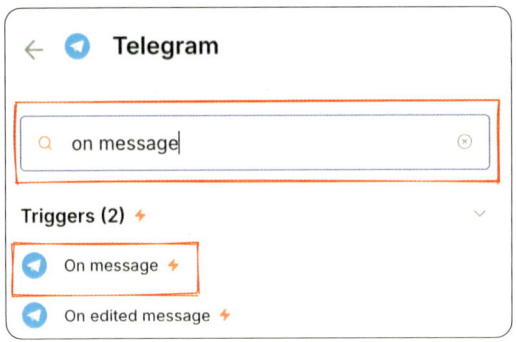

[설정]

- **Credential to connect with**: Part 1에서 만든 Telegram account 선택

- **Trigger On**: Message (기본값 그대로)

Step 3: AI Agent 추가

Telegram Trigger 노드 오른쪽 "**+**" 클릭

검색창에 입력: AI Agent

AI Agent 노드를 선택합니다.

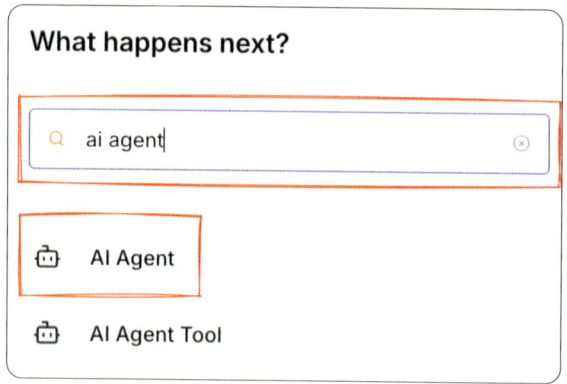

[설정]

- Source for Prompt: Define below 선택
- Text: Expression 클릭 후 입력

  {{ $('Telegram Trigger').item.json.message.text }}

Step 4: Chat Model 연결 (OpenAI)

AI Agent 노드 하단에 Chat Model, Memory, Tool 연결 버튼이 보입니다.

Chat Model 옆의 "**+**" 클릭

검색창에 입력: OpenAI Chat Model

[설정]

- **Credential:** Part 3에서 만든 OpenAI credential 선택
- **Model:** gpt-4o-mini

Step 5: System Message 설정

AI Agent 노드를 다시 클릭합니다.

Add Option → System Message 선택

System Message에 입력

너는 미국 주식 투자 분석가 AI야.

분석 요청 시
사용자가 종목 분석을 요청하면:
1. 가격 흐름 도구로 7일간 가격 데이터를 조회해
2. 뉴스 조회 도구로 최근 뉴스를 가져와
3. 종합 분석 리포트를 작성해:
    - 7일 가격 변동률과 추세
    - 뉴스 긍정/부정 요약
    - 매수/매도/관망 중 하나로 의견 제시
4. 마지막에 "매수를 원하시면 '[종목] N주 사줘'라고 말씀하세요" 안내

매수 요청 시
사용자가 매수를 요청하면:
1. 매수 주문 도구를 사용해 주문 실행
2. 결과를 알려줘

형식
- 한국어로 답변해
- 숫자는 소수점 둘째자리까지
- 특수문자 사용하지 마
- 괄호는 소괄호 대신 대괄호 사용해

Step 6: 매수 주문 Tool 추가

AI Agent 노드 하단의 Tool 옆 "**+**" 클릭

검색창에 입력: HTTP Request

Description 입력:

미국 주식의 최근 7일간 가격 데이터를 조회합니다. 종목 코드 (symbol)를 입력하면 7일간의 시가, 고가, 저가, 종가를 반환합니다.

💡 **Description이 왜 중요한가요?**

AI Agent가 "이 도구를 언제 써야 하는지" 판단하는 기준이 됩니다. 명확하게 쓰시기 바랍니다.

HTTP 설정:

- Method: GET
- URL: https://api.twelvedata.com/time_series

Query Parameters 설정:

Send Query Parameters: 토글 켜기

Name	Value
symbol	{{ $fromAI('symbol', '종목코드 (예: TSLA, AAPL)') }}
interval	1day
outputsize	7
apikey	{여기에_Twelve_Data_API_Key}

Step 7: Tool 2 - 뉴스 조회 (Finnhub)

AI Agent 노드 하단의 Tool 옆 "**+**" 클릭

검색창에 입력: HTTP Request

Description 입력

미국 주식 관련 최근 뉴스를 조회합니다. 종목 코드(symbol)를 입력하면 최근 3일간의 뉴스 헤드라인과 요약을 반환합니다.

💡 Description이 왜 중요한가요?

AI Agent가 "이 도구를 언제 써야 하는지" 판단하는 기준이 됩니다. 명확하게 쓰시기 바랍니다.

HTTP 설정:

- Method: GET

- URL: https://finnhub.io/api/v1/company-news

Query Parameters 설정:

Send Query Parameters: 토글 켜기

Name	Value
symbol	{{ $fromAI('symbol', '종목코드 (예: TSLA, AAPL)') }}
from	{{ $now.minus(3, 'days').format('yyyy-MM-dd') }}
to	{{ $now.format('yyyy-MM-dd') }}
token	{여기에_Finnhub_API_Key}

Step 8: Tool 3 – 매수 주문 (한투 API)

AI Agent 노드 하단의 Tool 옆 "**+**" 클릭

검색창에 입력: HTTP Request

Description 입력:

미국 주식을 매수합니다. 종목코드(symbol)와 수량(quantity)을 입력

하면 해당 종목을 시장가로 매수합니다. 사용자가 "사줘", "매수해줘", "구매해" 등의 요청을 할 때 사용합니다.

💡 **Description이 왜 중요한가요?**

AI Agent가 "이 도구를 언제 써야 하는지" 판단하는 기준이 됩니다. 명확하게 쓰시기 바랍니다.

HTTP 설정:
- Method: POST
- URL: https://openapivts.koreainvestment.com:29443/uapi/overseas-stock/v1/trading/order

Headers 설정:
Send Headers: 토글 켜기

Body 설정:

Send Body: 토글 켜기

Name	Value
Content-Type	application/json
authorization	Bearer _access_token_붙여넣기
appkey	여기에_App_Key
appsecret	여기에_App_Secret
tr_id	VTTS3012R
tr_cont	
custtype	P

Body Content Type: JSON

{

"CANO": "본인 계좌번호 앞 8자리",

"ACNT_PRDT_CD": "01",

"OVRS_EXCG_CD": "NASD",

"PDNO": "{{ $fromAI('symbol', '종목코드 (예: TSLA)') }}",

"ORD_QTY": "{{ $fromAI('quantity', '주문 수량 (예: 1)') }}",

"OVRS_ORD_UNPR": "0",

"ORD_SVR_DVSN_CD": "0",

"ORD_DVSN": "00"

}

Step 9: Telegram 결과 전송

AI Agent 노드 오른쪽 "+" 클릭

검색창에 입력: Telegram

Send a Text Message 선택

[설정]

- **Credential**: Part 1에서 만든 credential
- **Chat ID**: Expression 모드에서:

  {{ $('Telegram Trigger').item.json.message.chat.id }}

- **Text**: Expression 모드에서:

  {{ $('AI Agent').item.json.output }}

Step 10: 워크플로우 활성화 및 테스트

테스트하기

- 오른쪽 상단의 Active 토글을 켭니다.
- 텔레그램 봇에게 메시지를 보냅니다.

분석 테스트:

TSLA 분석해줘

매수 테스트:

TSLA 1주 사줘

복합 테스트:

NVDA 분석하고 괜찮으면 2주 사줘

☀ 문제가 생겼나요?

Q. 가격 조회가 안 돼요.

→ Twelve Data API Key가 정확한지 확인합니다. 무료 플랜은 분
당 8회 제한이 있습니다.

Q. 뉴스가 안 나와요.

→ Finnhub API Key 확인합니다. 주말이나 휴일에는 뉴스가 적을
수 있습니다.

Q. AI가 Tool을 안 써요.

→ Description을 더 명확하게 수정합니다. AI가 "언제 이 도구를
써야 하는지" 이해해야 합니다.

Q. 매수 주문이 실패해요.

→ 4-2에서 했던 것처럼 토큰, 계좌번호, 헤더를 다시 확인합니다.

Q. "분석하고 사줘"가 안 돼요.

→ System Message에 복합 요청 처리 로직이 있는지 확인합니다.
또는 단계별로 나눠서 요청해보시기 바랍니다.

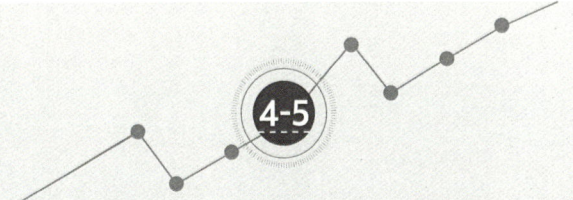

[프로젝트 10] AI 투자 분석봇 PRO

4-4에서 AI 투자 분석봇을 만드셨죠?

이번엔 한 단계 더 나아갑니다. RSI로 과매수/과매도를 체크하고, 잔고를 확인해서 적정 수량을 자동 계산하고, 뉴스 출처까지 검증합니다.

요청하신 TSLA 2주 매수, 집행 전 리스크 관리 기준에 따라 빠르게 점검했어요.

핵심 요약
- RSI 14D 51.63 정상 범위
- 7일 수익률 +2.24% 완만한 상승
- 최근 3일 뉴스: 특이 이슈 없음 리스크 키워드 미검출
- 시장VIX: 데이터 부재로 중립 가정

점수 100점 만점
- 뉴스 24.00점 긍정/부정 혼재 기사 부재, 리스크 키워드 없음
- 추세 15.00점 7일 +2.24%로 무난
- RSI 18.00점 정상 범위
- 시장 10.00점 중립 가정
- 총점 67.00점 → 매수 기준 충족 총점 65점 이상, RSI 70 미만, 리스크 키워드 없음

수량 산정 자본 5% 룰
- 최대 투자금 = 총자산 x 5%
- 적정 수량 = 최대 투자금 / 449.06 달러 소수점 버림
- 2주를 5% 룰로 사려면 총자산이 최소 17,962.40달러 이상이어야 해요 2 x 449.06 ÷ 0.05

주문 조건
- 주문가 가이드: 451.31달러 최근가 x 1.005
- 브로커 도구는 시장가만 지원되어 시장가로 집행될 수 있어요

다음 단계 선택
1] 바로 2주 시장가 매수 진행할까요?
2] 총자산 또는 투자 가능 현금을 알려주시면 5% 룰로 적정 수량 계산 후 그 수량으로 집행할게요.

원하시는 옵션을 알려주세요. 또한 손실 제한을 원하시면 예: 진입가 대비 -7.00% 손절 같이 알려주시면 함께 관리하겠습니다. 🚀

4-4와 다른 점

수량을 직접 말하지 않아도 됩니다. AI가 잔고를 확인하고 적정 수
량을 계산합니다.

필요한 것

- n8n 계정 ☑ (Part 1에서 완료)
- 텔레그램 봇 ☑ (Part 1에서 완료)
- OpenAI API ☑ (Part 3에서 완료)
- Twelve Data API ☑ (Part 1에서 완료)
- Finnhub API ☑ (Part 3에서 완료)
- 한국투자증권 API ☑ (4-1에서 완료)

전체 구조 미리보기

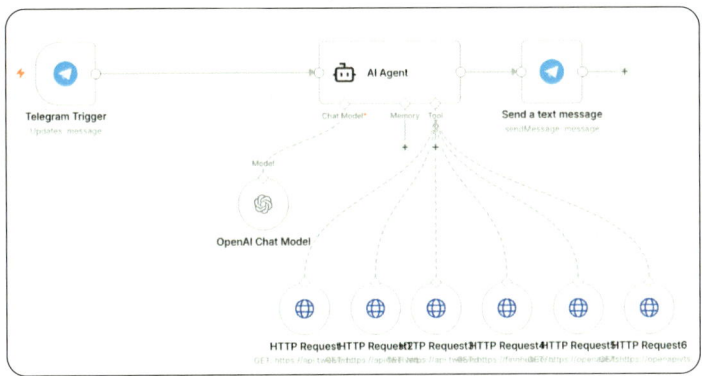

AI Agent가 사용자 메시지를 보고 어떤 Tool을 쓸지 스스로 판단
합니다.

- "TSLA 분석해줘" → Tool 1~5 사용 → 분석 리포트 + 적정 수량
  계산
- "TSLA 사줘" → Tool 6 사용 → 매수 실행
- "TSLA 분석하고 괜찮으면 사줘" → Tool 1~6 연속 사용

Step 1: 새 워크플로우 만들기

n8n.cloud에 로그인합니다.

Overview 화면에서 오른쪽 상단의 Create workflow 버튼을 클릭합니다.

왼쪽 상단의 "My workflow"를 클릭해서 이름을 바꿔줍니다.

AI 투자 분석봇

Step 2: Telegram Trigger 추가

캔버스에서 "Add first step…" 클릭

검색창에 입력: Telegram

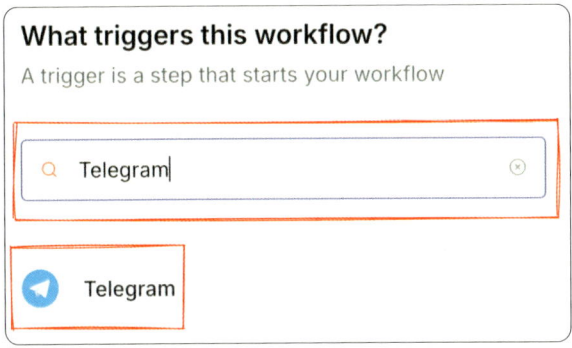

여러 옵션 중 "On message"를 선택합니다.

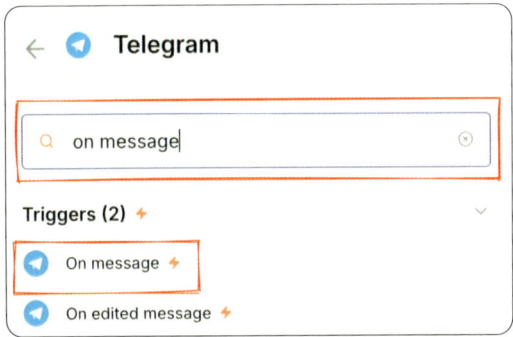

[설정]

- **Credential to connect with**: Part 1에서 만든 Telegram account 선택

- **Trigger On**: Message (기본값 그대로)

Step 3: AI Agent 추가

Telegram Trigger 노드 오른쪽 "**+**" 클릭

검색창에 입력: AI Agent

AI Agent 노드를 선택합니다.

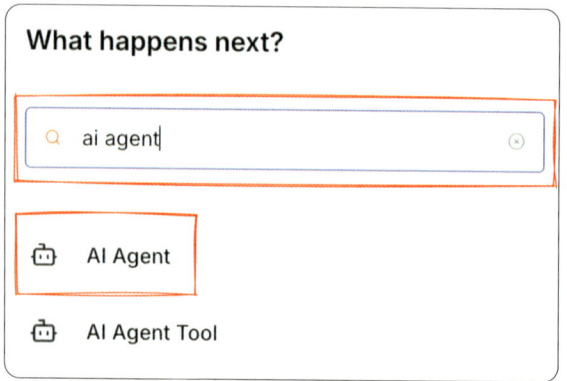

[설정]

- **Source for Prompt**: Define below 선택
- **Text**: Expression 클릭 후 입력:

{{ $('Telegram Trigger').item.json.message.text }}

Step 4: Chat Model 연결 (OpenAI)

AI Agent 노드 하단에 Chat Model, Memory, Tool 연결 버튼이 보입니다.

Chat Model 옆의 "**+**" 클릭

검색창에 입력: OpenAI Chat Model

[설정]

- **Credential**: Part 3에서 만든 OpenAI credential 선택
- **Model**: gpt-5

Step 5: System Message 설정

AI Agent 노드를 다시 클릭합니다.

Add Option → System Message 선택

System Message에 입력:

너는 월스트리트 출신 AI 퀀트 트레이더야.
데이터 기반으로 분석하고, 리스크를 철저히 관리해.

분석 요청 시
사용자가 종목 분석을 요청하면 다음 순서로 진행해:
1. 현재가 조회 도구로 현재가 확인
2. RSI 조회 도구로 RSI 확인
- RSI 70 이상: 과매수 [매수 부적합]
- RSI 30 이하: 과매도 [역발상 매수 기회]
- RSI 30-70: 정상 범위
3. 가격 흐름 도구로 7일간 가격 추세 확인
4. 뉴스 조회 도구로 최근 뉴스 확인
- 출처 신뢰도: Reuters/Bloomberg
[높음], 일반뉴스 [중간], 블로그 [낮음]
- 리스크 키워드 체크: recall, lawsuit, fraud, bankruptcy
5. 잔고 조회 도구로 내 자산 확인
6. 매수 적정 수량 계산:
- 최대 투자금 = 총 자산 x 5%
- 적정 수량 = 최대 투자금 / 현재가 [소수점 버림]

점수 계산 [100점 만점]
- 뉴스 [40점]: 긍정 뉴스 많고 리스크 없으면 고득점
- 추세 [25점]: 7일 수익률 높으면 고득점
- RSI [20점]: 30-70 범위면 고득점, 70 이상이면 저득점
- 시장 [15점]: VIX 낮으면 고득점

매수 판단 기준
다음 조건을 모두 만족해야 매수 적합:
- 총점 65점 이상
- RSI 70 미만
- 뉴스에서 리스크 키워드 없음
- 계산된 수량 1주 이상

매수 요청 시
사용자가 매수를 요청하면:
1. 분석을 아직 안 했다면 먼저 분석 진행
2. 잔고 조회로 적정 수량 계산
3. 현재가 x 1.005로 주문가 설정
4. 매수 주문 도구 실행
5. 결과 알려줘

형식 규칙
- 한국어로 답변
- 숫자는 소수점 둘째자리까지
- 이모지 사용 OK
- 괄호는 대괄호 사용

Step 6: 현재가 조회 Tool 추가

AI Agent 노드 하단의 Tool 옆 "+" 클릭

검색창에 입력: HTTP Request

HTTP Request를 선택합니다.

Description 입력:

종목의 현재가를 조회합니다. 분석의 첫 단계로 반드시 사용하세요.

HTTP 설정:

- **Method**: GET
- **URL**: https://api.twelvedata.com/quote
- **Send Query Parameters**: 토글 켜기

Name	Value
symbol	{{ $fromAI('symbol', '종목코드').trim() }}
apikey	(본인의 Twelve Data API Key)

Step 7: RSI 조회 Tool 추가

AI Agent 노드 하단의 Tool 옆 "**+**" 클릭

검색창에 입력: HTTP Request

HTTP Request를 선택합니다.

Description 입력:

RSI 기술적 지표를 조회합니다. 70 이상은 과매수로 매수 부적합, 30 이하는 과매도입니다. 매수 판단의 핵심 지표이니 반드시 확인합니다.

HTTP 설정:

- **Method**: GET
- **URL**: https://api.twelvedata.com/rsi
- **Send Query Parameters**: 토글 켜기

Name	Value
symbol	{{ $fromAI('symbol', '종목코드').trim() }}
interval	1day
time_period	14
outputsize	7
apikey	{여기에_Twelve_Data_API_Key}

Step 8: 7일 가격 조회 Tool 추가

AI Agent 노드 하단의 Tool 옆 "+" 클릭

검색창에 입력: HTTP Request

HTTP Request를 선택합니다.

Description 입력:

최근 7일간의 가격 데이터를 조회합니다. 가격 추세 분석에 사용하세요.

HTTP 설정:

- **Method**: GET
- **URL**: https://api.twelvedata.com/time_series
- **Send Query Parameters**: 토글 켜기

Name	Value
symbol	{{ $fromAI('symbol', '종목코드').trim() }}
interval	1day
outputsize	7
apikey	(본인의 Twelve Data API Key)

Step 9: 뉴스 조회 Tool 추가

AI Agent 노드 하단의 Tool 옆 "**+**" 클릭

검색창에 입력: HTTP Request

HTTP Request를 선택합니다.

Description 입력:

최근 3일간의 뉴스를 조회합니다. 출처[source]를 확인해서 신뢰도
를 판단합니다.

HTTP 설정:

- **Method**: GET
- **URL**: https://finnhub.io/api/v1/company-news
- **Send Query Parameters**: 토글 켜기

Name	Value
symbol	{{ $fromAI('symbol', '종목코드').trim() }}
from	{{ $now.toFormat('yyyy-MM-dd') }}
to	{{ $now.toFormat('yyyy-MM-dd') }}
token	(본인의 Finnhub API Key)

Step 10: 잔고 조회 Tool 추가

AI Agent 노드 하단의 Tool 옆 "**+**" 클릭

검색창에 입력: HTTP Request

HTTP Request를 선택합니다.

Description 입력:

해외주식 잔고를 조회하는 도구입니다. 사용자의 나스닥 보유 종목, 수량, 평균단가, 현재가, 수익률, 총 평가금액을 조회합니다. 매수 수량 계산에 필요합니다.

HTTP 설정:

- **Method:** GET
- **URL:** https://openapivts.koreainvestment.com:29443/uapi/overseas-stock/v1/trading/inquire-balance

Headers 설정:

Send Headers: 토글 켜기

Add Header를 여러 번 클릭해서 아래 항목들을 추가:

Name	Value
Content-Type	application/json
authorization	Bearer (4-1에서 발급받은 access_token)
appkey	여기에_App_Key
appsecret	여기에_App_Secret
tr_id	VTTS3012R
tr_cont	
custtype	P

⚠ Bearer 뒤에 공백 한 칸 꼭 있어야 합니다. **Bearer eyJ0eXA…** 이렇게요.

Query Parameters 설정:

⚠ 중요! 잔고 조회는 GET 요청이므로 Body가 아닌 Query Parameters를 사용합니다.

- **Send Body:** 토글 끄기
- **Send Query Parameters:** 토글 켜기

Add Parameter를 여러 번 클릭해서 아래 항목들을 추가:

Name	Value
CANO	(본인 계좌번호 앞 8자리)
ACNT_PRDT_CD	01
OVRS_EXCG_CD	NASD
TR_CRCY_CD	USD
CTX_AREA_FK200	(공백 한 칸)
CTX_AREA_NK200	(공백 한 칸)

💡 CTX_AREA_FK200, CTX_AREA_NK200 주의!

완전히 비워두면 에러납니다. 스페이스바를 한 번 눌러서 공백 한 칸을 입력합니다.

⚠ 토큰 만료 주의!

access_token은 24시간 후 만료됩니다. 만료되면 4-1의 토큰 테스트 워크플로우를 다시 실행해서 새 토큰을 발급받고, 여기 authorization 헤더를 업데이트합니다.

Step 11: 매수 주문 (한투 API) Tool 추가

AI Agent 노드 하단의 Tool 옆 "**+**" 클릭

검색창에 입력: HTTP Request

Description 입력:

미국 주식을 매수합니다. 종목코드(symbol)와 수량(quantity)을 입력하면 해당 종목을 시장가로 매수합니다. 사용자가 "사줘", "매수해줘", "구매해" 등의 요청을 할 때 사용합니다.

💡 **Description이 왜 중요한가요?**

AI Agent가 "이 도구를 언제 써야 하는지" 판단하는 기준이 됩니다. 명확하게 쓰시기 바랍니다.

HTTP 설정:

- **Method:** POST
- **URL:** https://openapivts.koreainvestment.com:29443/uapi/overseas-stock/v1/trading/order

Headers 설정:

Send Headers: 토글 켜기

Name	Value
Content-Type	application/json
authorization	Bearer _access_token_붙여넣기
appkey	여기에_App_Key
appsecret	여기에_App_Secret
tr_id	VTTS3012R
tr_cont	
custtype	P

Body 설정:

Send Body: 토글 켜기

Body Content Type: JSON

{

"CANO": "본인 계좌번호 앞 8자리",

"ACNT_PRDT_CD": "01",

"OVRS_EXCG_CD": "NASD",

"PDNO": "{{ $fromAI('symbol', '종목코드 (예: TSLA)') }}",

"ORD_QTY": "{{ $fromAI('quantity', '주문 수량 (예: 1)') }}",

"OVRS_ORD_UNPR": "0",

"ORD_SVR_DVSN_CD": "0",

"ORD_DVSN": "00"

}

Step 12: Telegram 결과 전송

AI Agent 노드 오른쪽 "**+**" 클릭

검색창에 입력: Telegram

Send a Text Message 선택

[설정]

- **Credential:** Part 1에서 만든 credential
- **Chat ID:** Expression 모드에서:

  {{ $('Telegram Trigger').item.json.message.chat.id }}
- **Text:** Expression 모드에서:

  {{ $('AI Agent').item.json.output }}

Step 13: 전체 연결 확인

캔버스를 보면 이렇게 되어 있어야 합니다.

메인 워크플로우: AI 투자 분석봇 Pro

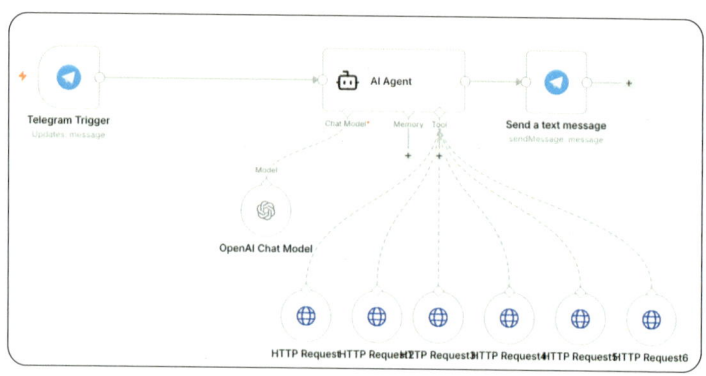

Step 14: 워크플로우 활성화 및 테스트

오른쪽 상단의 Active 토글을 켭니다.

텔레그램 봇에게 메시지를 보냅니다.

분석 테스트:

TSLA 분석해줘

매수 테스트:

TSLA 사줘

복합 테스트:

NVDA 분석하고 괜찮으면 사줘

💡 문제가 생겼나요?

Q. RSI 조회가 안 돼요.

→ Twelve Data API Key 확인합니다. 무료 플랜에서도 RSI는 지원 됩니다.

Q. 잔고 조회에서 에러나요.

→ tr_id가 VTTS3007R인지 확인합니다. 헤더의 appkey, appse-cret이 정확한지도 체크합니다.

Q. AI가 RSI를 체크 안 해요.

→ System Message에 "RSI 조회 도구로 RSI 확인"이 명확히 있는 지 확인합니다.

Q. 적정 수량이 0으로 계산돼요.

→ 모의투자 계좌에 달러가 충분한지 확인합니다. HTS에서 가상 달러를 충전할 수 있습니다.

Q. AI가 Tool을 안 써요.

→ Description을 더 명확하게 수정하세요. AI가 "언제 이 도구를 써야 하는지" 이해해야 합니다.

Q. "분석하고 사줘"가 부분만 실행돼요.

→ System Message에 복합 요청 처리 로직이 있는지 확인합니다. 또는 단계별로 나눠서 요청해보시기 바랍니다.